第九届（2019年）杨纪琬会计学奖优秀会计专业学位论文奖
上海市哲社青年项目（2019EGL016）研究成果

“十二五”辽宁省重点图书出版规划项目

第17辑

三友会计论丛

SUNYO ACADEMIC SERIES IN ACCOUNTING

A Study on the Effect of Financial Control of the Parent Company on the Excessive Leverage of the Listed Companies

An Empirical Study Based on the Data of the Listed Companies of Central Enterprises

母公司财务控制方式对上市公司过度负债的影响研究

来自央企上市公司的经验证据

汪玉兰 著

东北财经大学出版社 Dongbei University of Finance & Economics Press | 大连

图书在版编目（CIP）数据

母公司财务控制方式对上市公司过度负债的影响研究：来自央企上市公司的经验证据 / 汪玉兰著. —大连 ：东北财经大学出版社，2020.12

（三友会计论丛 · 第17辑）

ISBN 978-7-5654-3976-6

Ⅰ. 母… Ⅱ. 汪… Ⅲ. 上市公司-财务管理-研究-中国 Ⅳ. F279.246

中国版本图书馆CIP数据核字（2020）第173340号

东北财经大学出版社出版

(大连市黑石礁尖山街217号 邮政编码 116025)

网 址：http：//www.dufep.cn

读者信箱：dufep@dufe.edu.cn

大连图腾彩色印刷有限公司印刷 东北财经大学出版社发行

幅面尺寸：170mm×240mm 字数：211千字 印张：14.5 插页：1

2020年12月第1版 2020年12月第1次印刷

责任编辑：王 丽 责任校对：王 娟

封面设计：冀贵收 版式设计：钟福建

定价：48.00元

教学支持 售后服务 联系电话：（0411）84710309

如有印装质量问题，请联系营销部：（0411）84710711

出版者的话

随着我国以社会主义市场经济体制为取向的会计改革与发展的不断深入，会计基础理论研究的薄弱和滞后已经产生了越来越明显的“瓶颈”效应。这对于广大会计研究人员而言，既是严峻的挑战，又是难得的机遇。说它是“挑战”，主要是强调相关理论研究的紧迫性和艰巨性，因为许多实践问题急需相应的理论指导，而这些实践和理论在我国又都是新生的，没有现成的经验和理论可资借鉴；说它是“机遇”，主要是强调在经济体制转轨的特定时期，往往最有可能出现“百花齐放，百家争鸣”的昌明景象，步入“名家辈出，名作纷呈”的理论研究繁荣期和活跃期。

迎接“挑战”，抓住“机遇”，是每一个中国会计改革与发展的参与者和支持者义不容辞的责任。为此，我们与中国会计学会财务成本分会、东北财经大学会计学院联合创办了一个非营利的学术研究机构——三友会计研究所，力求实现学术团体、教学单位、出版机构三方的优势互补，密切联系老、中、青三代会计工作者，发挥理论界、实务界、教育界的积极性，致力于会计、财务、审计三个领域的科学研究和专业服务，以期为我国的会计改革与发展做出应有的贡献。

三友会计研究所的重大行动之一就是设立了“三友会计著作基金”，用于资助出版“三友会计论丛”。它旨在荟萃名人力作及新人佳作，传播会计、财务、审计研究与实践的最新成果与动态。“三友会计论丛”于1996年推出第一批著作；自1997年起，本论丛定期遴选并分辑推出。

采取这种多方联合、协同运作的方法，如此大规模地遴选、出版会计著作，在国内尚属首次，其艰难程度不言而喻。为此，我们殷切地希望广大会计界同仁给予热情支持和扶助，无论作为作者、读者，还是作为评论者、建议者，您的付出都将激励我们把“三友会计论丛”的出版工作坚持下去，越做越好!

东北财经大学出版社

前言

2016年，中央经济工作会议明确提出，深化供给侧结构性改革，推进“三去一降一补”（去产能、去库存、去杠杆、降成本、补短板）政策，尤其强调在控制总杠杆率的前提下，把降低企业杠杆率作为重中之重。中国社会科学院的数据显示：截至2015年年底，我国企业债务总额达到了168万亿元，为GDP的2.5倍，其中非金融企业部门债务为GDP的1.5倍，而在非金融企业债务中，国有企业负债占比为65%，部分中央企业的资产负债率频频超过国资委规定的“警戒线”（70%）。由此可见，降低国有企业杠杆率是解决我国企业高杠杆现状的关键。

党的十七大报告提出的“鼓励发展大型、具有国际竞争力的企业集团”促进了我国企业集团的迅速发展。然而，国有企业集团在快速发展和扩张过程中，财务管理弱化问题不断显现，这使得许多大型国有企业集团由于资不抵债而在一夜间坍塌。例如，2015年，天威集团最初因为孙公司贷款违约，导致集团内部多家公司债务逾期、违约，最终导致集团破产。

财务管理弱化问题严重限制了企业集团的可持续发展，这引起了理论界和实务界的重点关注，并呼吁实施财务管理创新和变革，其中集团财务控制正成为政府、企业和学者们关注的重点。近些年，集团财务控制在中央企业集团中发展得如火如荼，各种财务控制工具已从政策指引、理论研究到实践探索全面展开。大多数企业集团试图通过财务控制实现供给侧结构性改革提出的“去杠杆”政策要求，进而谋求企业的瘦身健体、提质增效与风险管控。

结合我国当前“去杠杆”政策要求以及母公司财务控制体系不断发展和完善的情况，本书以央企上市公司为研究对象，以母公司财务控制方式为切入点，借助权衡理论、适度负债理论、财务困境成本理论和委托代理理论，结合中国特色的制度背景，对央企上市公司过度负债问题进行深入分析，试图找出母公司财务控制方式影响子公司过度负债的路径机理，并对相关研究假设进行实证检验。之所以选择中央企业，是因为央企在中国经济中占据重要地位，央企拥有中国43%的商业活动与85%的银行贷款。央企过度负债对中国经济的危害较大，对央企过度负债进行治理是一个紧迫的现实经济问题。此外，由于有关母公司财务控制的数据通常是内部的，很难通过公开渠道获得，本书通过对央企集团母公司总会计师进行访谈的方式获取了其财务控制设计方面的一手数据，但限于时间和能力，非央企集团财务控制的数据无法获取。

基于以上考虑，本书研究旨在丰富对过度负债影响因素的认识，实证分析母公司财务控制方式对过度负债的作用机理，进而检验不同财务控制方式在治理过度负债过程中可能存在的分工效应。同时，从过度负债视角，找出影响母公司财务控制方式实施效果的关键因素，试图为财务控制方式的有效设计提供意见和建议。本书在系统梳理国内外相关研究成果的基础上，采用规范研究和实证分析相结合的方法，利用2011—2015年央企集团母公司财务控制数据和央企上市公司过度负债数据，借鉴Otley and Merchant（1990）提出的财务控制框架体系，构建了以人员控制、过程控制和结果控制为基础的母公司财务控制体系，深入分析和研究了母公司财务控制方式对子公司过度负债的影响。

本书研究结论主要有以下三点：

（1）以委派财务总监为代表的人员控制对上市公司的过度负债发挥了显著的治理效应，但人员控制发挥治理效应的前提是合理设计与委派财务总监相关的激励制度。实证结果显示，仅仅委派财务总监并不能降低上市公司的过度负债水平，只有当委派财务总监的薪酬人事关系隶属于母公司时，才能显著降低上市公司的过度负债水平。在考虑上市公司自身特征后发现，人员控制对过度负债的治理效应主要体现在盈利能力弱和成长性低的企业中。在稳健性检验中，本书分别采用了不同的度量方法对长期过度负债与短期过度负债进行度量，得出的结论依然成立。

（2）以资金集中控制和信息集中控制为代表的过程控制回归结果显示，资金集中控制能够对上市公司过度负债发挥显著的治理效应，具体表现为：随着资金集中度的提高，上市公司的长期过度负债水平与短期过度负债水平均发生了显著下降。考虑子公司自身特征后发现，资金集中控制对过度负债的治理效应主要体现在盈利能力弱和成长性低的企业中。以是否建立财务信息共享中心作为信息集中控制的替代变量，对过度负债进行回归的结果显示，建立财务信息共享中心并未对上市公司的过度负债发挥显著的治理效应。在稳健性检验中，本书分别采用了不同的度量方法对长期过度负债与短期过度负债进行度量，得出的结论依然成立。

（3）以全面预算管理和业绩评价控制为代表的结果控制回归结果显示，当全面预算管理的主导机构为董事会，或者当全面预算的编制方式为上下结合时，全面预算管理的实施能够显著降低上市公司的长期过度负债与短期过度负债水平。进一步考虑子公司自身特征后发现，全面预算管理对过度负债的治理效应主要体现在盈利能力弱的企业中，而全面预算管理的治理效应在不同成长性企业中并不存在显著差异。从业绩评价控制的回归结果来看，母公司对上市公司业绩评价体系中EVA所占的比例越高，上市公司的长期过度负债与短期过度负债水平越低。此外，相比ROE业绩评价指标，EVA的实施显著降低了上市公司的过度负债水平。在稳健性检验中，本书分别采用了不同的度量方法对长期过度负债与短期过度负债进行度量，得出的结论依然成立。

本书的研究贡献和可能的创新点主要有以下四点：

（1）通过实地访谈的方法获取了有关央企母公司财务控制的一手数据，填补了现有关于母公司财务控制方式实证研究的空白。

有关母公司财务控制方式的数据是内部的，通常无法通过公开渠道获得，本书采用对中央企业集团总会计师进行实地访谈的方法，对央企母公司财务控制方式的设计情况进行了解，获取了一手资料，并采用实证研究的方法对财务控制的治理效果进行了检验，弥补了有关财务控制方式实证研究方面的空白。

（2）综合长期与短期过度负债视角，丰富了过度负债的研究内容。

国内外文献大多从资产负债率指标出发，研究资本结构的影响因素与经济后果，但鲜有从过度负债视角进行研究。相比资产负债率指标，过度负债指标考虑了不同企业负债承担能力的差异，能够更加合理地评判企业资本结构。与长期过度负债不同，短期过度负债给企业带来的风险更高，短期过度负债更有可能危害企业的生存和发展。因此，本书综合考虑长期过度负债与短期过度负债，使得对过度负债的研究更加全面丰富。

（3）以母公司财务控制方式为切入点，拓展了过度负债影响因素的研究视角。

现有研究大多从公司治理、内部控制、产权性质与外部宏观经济环境视角对过度负债影响因素进行研究，鲜有从财务控制方式入手，对过度负债问题进行研究。这主要是因为财务控制方式的数据是内部的，通常无法通过公开渠道获得，这增加了实证研究的难度。本书是较早采用实证研究方法对财务控制方式与过度负债关系进行研究的著作。

（4）从过度负债治理效应视角，丰富了母公司财务控制方式经济后果方面的研究。

有关母公司财务控制方式经济后果方面的研究并不多见，现有学者大多采用母公司持股比例作为财务控制强度的替代变量，或者仅从财务控制方式的一个方面进行研究。本书通过手工搜集与实地访谈的方法，获取了母公司财务控制方式更直接的度量指标，系统地研究了母公司财务控制方式对子公司过度负债的影响，一定程度上解决了现有关于财务控制研究中存在的指标代表性不强、研究视角单一的问题。

本书可以作为财经类高校本科生、学术型和专业学位研究生以及博士生的阅读参考材料；同时，相信本书对致力于管理会计与企业债务融资政策研究的学者，以及对关心如何通过财务控制实现过度负债国有企业“去杠杆”目标的企业管理者、政府相关职能部门有一定的参考价值。

本书关于母公司财务控制方式与过度负债关系的研究是一种探索性的研究，因此难免存在一些不足之处，恳请各位专家、学者和读者朋友批评指正。

作　者

2020年6月

目录

第 1 章

绪 论

本章主要对本书的选题背景、研究意义、主要概念的界定、研究思路、研究方法以及研究的可能创新之处进行说明，并构建完整的研究技术路线图。

1.1 研究背景与研究意义

1.1.1 研究背景

2016年12月14-16日召开的中央经济工作会议明确提出，深化供给侧结构性改革，在控制总杠杆率（资产负债率）的前提下，把降低企业杠杆率作为供给侧结构性改革的重中之重。供给侧结构性改革的核心内容是“三去一降一补”（去产能、去库存、去杠杆、降成本、补短板），就“三去”而言，三者之间是紧密关联的，过剩产能的简单利用将会产生高库存，持续的产能过剩、高库存将会加剧企业的高杠杆，若过剩产能、高库存和高杠杆同时存在于企业当中，会导致企业面临生存危机，高杠杆是企业财务危机爆发的引爆点。因此，“去杠杆”既关系到企业的可持续发展，又关系到国家政策的落地，是摆在企业面前的一项重要而艰巨的现实经济问题。

企业集团的发展往往是国家经济实力及其在世界政治经济中地位的象征。但在粗放型经济增长模式下，企业集团普遍采用高负债、高投资、高成本进行经营，企业集团面临的风险不断增加。中国社会科学院的数据显示，截至2015年年底，我国债务总额达到了168万亿元，债务总额占GDP的比重达到249%，其中非金融企业部门债务占GDP的比重高达143.5%（如图1-1所示）。另外，由于政府的隐性担保，国有企业具有债务融资的便利性，但这也带来了国有企业的高负债，部分国有企业负债率频频超越国资委划定的“警戒线”（70%），这引起了人们对高负债可能带来的经营风险的担忧。由此可见，过度负债已成为摆在我国企业面前的一个现实问题，结合目前我国经济下行、货币政策收紧的现实背景，“去杠杆”已成为决定我国企业生存发展的关键因素。

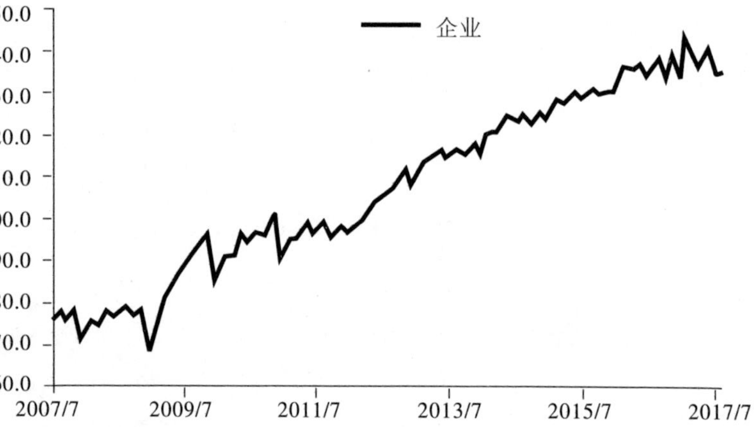

图1-1　中国非金融企业部门债务占GDP的比重（%）

数据来源：国泰君安证券研究，WIND，CEIC。

党的十八大以来，我国大型企业集团积极响应国家的决策部署，以供给侧结构性改革为主线，统筹开展稳增长与防风险方面的工作。其中，通过去产能、去库存、去杠杆、清应收、消灭僵尸企业等措施谋求企业的瘦身健体、提质增效等，取得了明显成效。在去杠杆过程中，管理上还需要匹配一些财务控制工具，整合这些财务控制工具并从中提炼出企业集团实现“去产能、去库存、去杠杆”的具体路径，尤其是企业集团如何通过财务控制工具的创新实现对高杠杆、高风险与低效率问题的源头治理，是所有企业关注且有价值的话题。近些年，财务控制在中国企业集团中发展得如火如荼，各种有关财务控制的政策指引、理论研究与实践探索已经全面展开。比如：全面预算管理、战略控制、风险控制、EVA绩效评价、平衡计分卡（BSC）等，这些财务控制工具已嵌入企业管理系统中，并已成为中国企业管理创新的标志。

母公司财务控制是指母公司利用各种控制手段对集团内资源进行配置，进而引导、控制和监督子公司的经济活动，最终实现集团整体价值最大化目标。集团财务控制的主要目标有三个：第一，为企业战略目标的实现提供保障；第二，提高企业财务资源的使用效率，具体包括筹资效率、投资效率与运营效率；第三，控制企业财务风险。其中，战略目标是牵引；财务资源使用效率的提升是核心；财务风险的管控是重点；价值持续创造是目标。资产负债率作为企业财务风险的核心内容，自然也是财务控制需要关注的重点，且上市公司作为集团公司的核心层企业，对其财务风险进行管控是集团财务控制的重要目标之一。而现实中，企业最关心的问题可能是如何创造利润和价值，而忽视了随之而来的企业风险。但必须认识到，企业风险与企业经营活动相伴而生，如果仅仅侧重于企业业绩或价值，而忽视了风险，将可能使企业陷入财务困境，甚至破产。

价值可持续增长已成为现代企业的终极目标，而可持续价值来源于资源使用效率的提升与资源使用风险的管控，集团财务控制正是通过提高财务资源配置效率与降低财务风险两条路径，为企业战略目标的实现“保驾护航”。结合我国目前的政策要求（“去杠杆”）、企业面临的现实问题（“高杠杆”）以及财务控制在中央企业集团中呈现出的迅速发展态势，比如，中国兵器工业集团的“边界管控”，中国兵器装备集团的“SRRV框架（战略、资源、风险与价值）”，中国长江三峡集团的“不同行业与市场的WACC制度”。这些集团财务控制创新的核心就是保证企业在财务风险（尤其是负债风险）可控的前提下，实现价值的可持续增长。过度负债作为企业财务风险的重要来源，同样也是集团财务控制需要重点关注的目标之一。因此，本书选择过度负债视角，对母公司财务控制实施效果进行实证检验。一方面，可以为母公司财务控制是否能够为国家政策（“去杠杆”）的落地服务提供经验证据；另一方面，可以总结提炼出母公司财务控制实现“去杠杆”的具体路径与机理，并为其他企业提供参考借鉴。

1.1.2 研究意义

“去杠杆”是摆在我国大部分企业面前的一个现实经济问题，如何“去杠杆”关乎经济的稳定与企业的可持续发展。现有研究较多关注企业价值、绩效等方面的问题，而对企业风险的关注远远不够。本书立足供给侧结构性改革提出的“去杠杆”这一制度背景，结合我国企业普遍存在的杠杆率过高的现状，以央企集团为研究对象，试图从母公司财务控制方式这一全新视角，系统地分析母公司财务控制方式是否影响、如何影响上市公司的过度负债，并试图找出影响财务控制治理效果的关键因素，进而为母公司财务控制机制的设计以及过度负债的治理提供经验借鉴。本书将母公司财务控制与过度负债作为选题具有一定的理论意义和实践意义，具体体现在以下方面：

（1）理论意义

受数据限制，已有研究大多通过分析式研究探讨母公司财务控制对上市公司债务融资的影响，该领域仅有的几篇实证文献也是从母公司财务控制的某一方面探讨其对上市公司经营绩效、现金持有的影响。本书系统地研究了母公司财务控制方式对上市公司过度负债的影响，丰富了已有分析式研究和实证研究的研究视角，将已有研究视角拓展至企业内部管理会计工具运用的经济后果研究。本书的理论意义具体表现为：

①考虑了不同企业负债承担能力的差异，从过度负债这一新视角对我国上市公司过度负债的分布情况、动态变化进行了全面系统与深入的对比分析。

关于企业高负债问题，已经得到了理论界与实务界的共识。但是，判断企业的负债状况是否合理可能无法仅仅通过企业实际负债率的高低来进行（陆正飞等，2015）。因为不同企业的负债承担能力不同，判断企业是否过度负债的评价标准也存在差异。此外，现有研究发现导致资产负债率与企业成长性、股票回报率等负相关的关键因素不是资产负债率而是过度负债率。因此，从过度负债视角对企业的资产负债率进行判断更加合理。

另外，钟宁桦等（2016）认为，在去杠杆这个问题上，应该要先去弄清楚一些基本事实，比如，不同部门、行业、地区企业的杠杆率到底高在哪里？因此，本书从过度负债这一创新视角，对不同行业、不同地区、不同产权性质（国有与非国有）与组织形式（集团与非集团）上市公司的过度负债情况进行对比分析，试图从中找出我国过度负债企业的分布状况，为“去杠杆”政策的实施提供针对性建议。

②拓展了过度负债影响因素视角的研究。

现有关于过度负债的研究大多从产权性质、公司治理、内部控制和宏观环境等视角对过度负债的影响因素进行研究。本书将从财务控制这一视角，对上市公司过度负债进行研究。财务控制作为企业财务活动的重要控制机制，其核心内容就是实现对财务资源配置效率的提升与财务风险的管控，而过度负债又是引发企业财务风险的根本来源，因此从理论上来看，财务控制应该能够对过度负债发挥一定的治理效应。

③首次系统全面地研究了母公司不同财务控制方式对其控制上市公司过度负债的影响，丰富了管理会计工具与企业财务决策关系的研究。

现有关于母公司财务控制经济后果的研究较多集中在企业绩效、经营效率等方面，而在母公司财务控制与财务风险方面的研究尚不多见。目前，我国经济下行、货币政策收紧，对风险的关注变得愈加重要。国资委于2006年颁布的《中央企业全面风险管理指引》对企业风险管理提出了硬性规定，要求央企严格执行风险管理基本流程，培养风险管理文化，建立风险管理体系，实现对企业风险管理总体目标的合理保证。母公司财务控制作为企业价值实现的重要工具，控制财务风险是其重要任务之一，而上市公司作为集团公司的核心层企业，对其财务风险的控制是母公司财务控制的重点对象。因此，本书从上市公司过度负债视角，系统全面地研究了母公司不同类型财务控制方式是否影响、如何影响上市公司过度负债，进而对母公司财务控制的实施效果进行实证检验。

④构建了母公司财务控制方式系统框架，并采用实地调研与问卷调查的方式，对我国中央企业集团财务控制方式及其实施情况进行了深入了解。

财务控制方式是集团财务控制系统的基础与核心内容，其为财务控制系统治理效果的发挥提供了基础途径，优化财务控制方式是实现集团财务控制效率提升的最有效途径。对企业集团财务控制方式的划分，理论界并未形成共识。结合我国企业集团财务控制的设计现状以及理论研究的代表性成果，本书借鉴 Otley and Merchant（1990）提出的财务控制框架，将母公司财务控制方式分为人员控制、过程控制与结果控制。其中，人员控制是财务控制的基础，主要包括财务总监委派制度。过程控制是财务控制的直接控制对象，主要包括：资金集中控制、信息集中控制。结果控制是以结果为目标的倒逼机制，是未来导向的，主要包括全面预算管理与业绩评价控制。本书之所以借鉴 Otley and Merchant（1990）对财务控制的分类方法是因为相比于其他分类方法，这种分类方法更能够对财务控制体系进行本质性描述，该体系中各要素相辅相成、相互作用，实现了对财务控制系统更完整的描述。最重要的一点是，实地调研与问卷调查的结果显示，我国大部分中央企业集团都采用这种分类方式对自身的财务控制方式进行设计，因此，该种分类方法更符合我国企业集团财务控制实践，更加贴合实际，便于理解。

（2）实践意义

①对中央企业集团财务控制现状进行深入分析，并从过度负债治理视角，试图找出影响财务控制发挥治理效果的关键成功因素，进而为我国企业集团母公司财务控制体系的改进提供参考。

相比一般企业，企业集团的规模更大、结构更复杂，这提高了集团内部管理者优化财务控制体系的难度。因此，开展有关集团财务控制现状分析、财务控制方式实施效果以及财务控制方式存在的不足等问题的研究显得十分必要和迫切。但限于母公司财务控制数据的获取较为困难，无法直接从公开数据库中获取，导致对该领域的研究非常罕见。本书利用对中央企业集团进行实地调研和问卷调查的机会，对我国中央企业集团财务控制状况进行深入了解，获取有关集团财务控制现状及其设置情况的信息，深入分析母公司财务控制方式可能存在的问题，试图为集团财务控制的完善提供参考建议。

②通过实地调研和访谈，获取有关集团财务控制如何实现对过度负债的治理，并结合理论分析和实证分析的方法提炼总结出集团财务控制影响

过度负债的路径与机理，为其他企业提供财务控制制度创新的“模板”。

通过实地调研和访谈，作者对中央企业集团财务控制内容、存在的问题以及创新状况有了较深入的了解，这为本书财务控制框架的提出提供了实践经验。通过理论分析，本书提炼出母公司财务控制影响上市公司过度负债的可能路径，并结合实证分析的方法对这些路径对过度负债的治理效果进行检验，最终为母公司财务控制实施效果的评价提供参考。

1.2 主要概念界定

1.2.1 过度负债的概念界定

（1）过度负债的定义

现有学者并没有给出过度负债的确切定义，他们大多从企业负债能力或最优负债的视角对过度负债进行解释，将超过企业负债能力或者最优负债水平的负债称为过度负债。Donaldson（1962）将企业的负债能力定义为出现财务危机的概率高到无法承受的债务临界值。适度负债理论认为，资金是企业成立、发展与存续的前提，而这些资金从来源来看，主要包括负债和股权两种。现实中，几乎所有的企业都会利用负债经营，这除了因为业主资本的有限性以外，更重要的是因为负债能够为企业带来杠杆效应。但是，杠杆的正面效应成立的前提条件是：企业息税前利润率高于负债的利息率。能否满足这一前提条件取决于企业的经营效率，由于经营风险存在的客观性以及控制的困难性，过度负债可能成倍放大企业风险，损害股东价值。所以，企业应该适度负债而不应该过度负债。结合以上分析，考虑到过度负债度量的可行性，本书借鉴适度负债理论对最优负债率的定义，将企业资产负债率超过最优资产负债率的部分定义为过度负债，而最优负债率是指当企业息税前资金利润率等于负债的资金成本（利息率）时对应的负债率。

（2）过度负债的度量

在过度负债的度量方面，现有学者分别从长期与短期视角对过度负债进行度量。关于长期视角下的过度负债，已有研究主要采用四种度量方式：第一，回归分析法，用实际负债率减去回归（通过资产负债率对其主要影响因素回归）得到的目标负债率（姜付秀等，2008；Uysal，2011；Denis and Mckeon，2012；张会丽、陆正飞，2013）。第二，行业均值法，用实际负债率减去行业负债率均值（陆蓉等，2016）。第三，行业中位数法，用实际资产负债率减去资产负债率的行业中位数（姜付秀等，2008；张会丽、陆正飞，2013）。第四，Kink值法。该种方法是采用企业能够实现税收优惠最大化时所对应的负债水平进行度量（Graham，2000；Caskey et al.，2012）。

以上四种有关目标负债率的度量方法的主要区别是，其对资产负债率影响因素的认识不同。回归分析法认为，企业自身特征是决定企业资产负债率水平的最关键因素，因此企业会根据自身特征设定目标资产负债率；行业均值法认为，资产负债率的行业平均水平是企业设置自身目标负债率的重要参照标准，但该种方法可能忽视了行业内负债率可能存在的异质性问题；行业中位数法认为，行业均值可能会受到极端值的影响，中位数更能反映负债率的行业标准；Kink值法认为，税率是决定企业资产负债率水平的关键因素，因此也会对目标负债率产生重大影响，但税收方面的研究发现，企业在制定目标负债率时很少考虑税率因素的影响（Rajan and Zingales，1995；Goyal，2009；Oztekin and Flannery，2012；Chang et al.，2014）。综合来看，第一种方法计算考虑的影响因素更加全面、合理，得出的目标负债率水平更加准确。关于短期视角下的过度负债，现有学者主要采用利息覆盖率（INTR=EBITDA/利息支出）、利息保障倍数、现金流利息倍数、流动比率、速动比率等进行度量。考虑到过度负债度量方法的普遍性和可靠性，本书选择回归分析法对企业长期过度负债水平进行度量，采用利息保障倍数对企业的短期过度负债水平进行度量。

1.2.2 中央企业的概念界定

广义概念上的中央企业主要包括三种：一是国务院国有资产监督管理委员会直接控制的国有企业；二是由证监会、银保监会等管理的金融行业企业；三是由国务院其他部委直接控制的国有企业。这些企业大多是处于垄断行业，比如铁路运输、黄金、烟草等行业。而狭义的中央企业，通常是指由国务院国有资产监督管理委员会直接控制的企业（郑海航、孟领，2011）。本书讨论的中央企业主要指狭义的中央企业。

自2003年国资委成立以来，中央企业就开始了重组之路，目前，央企整体行业分布面很广，涉及国民经济95个大类行业中的86个行业，并广泛地参与一般性竞争行业。图1-2为2003—2017年中央企业的数量分布情况。从图中可以看出，自2003年国资委成立以来，中央企业数量呈现出逐年递减的趋势，截至2017年，中央企业数量为101家。中央企业在中国经济中占据着重要地位，是中国经济的脊梁，是中国企业走向世界的窗口，央企从事商业活动占中国企业全部商业活动的43%，央企银行贷款占银行全部企业贷款的85%。对中央企业进行研究具有重要意义。

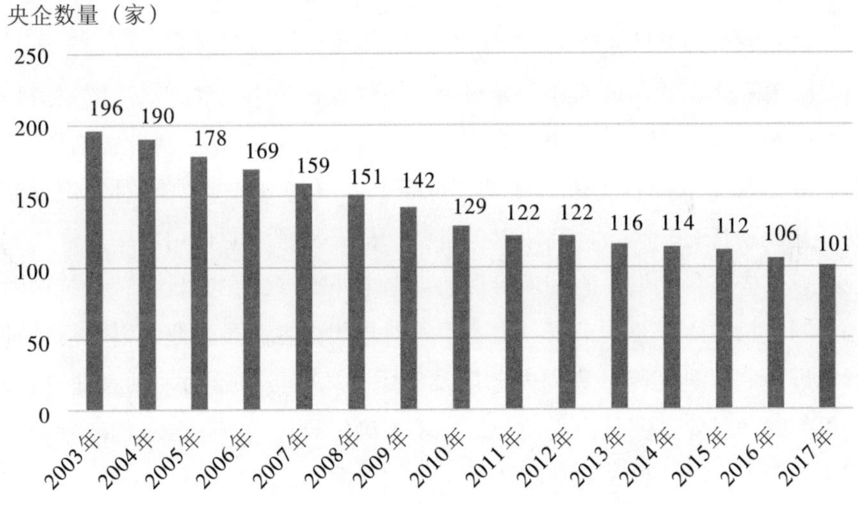

图1-2 2003—2017年中央企业数量分布图

1.2.3 母子公司的概念界定

母公司（parent company）是指能够对一个或一个以上的子公司进行控制，决定这些子公司的财务和经营决策，并有权从子公司的经营活动中获取利益的公司；而子公司（subsidiary company）则是指被母公司控制财务和经营政策的企业，且控制的主体是唯一的，而不是两方或多方（企业会计准则讲解，2012）。本书中母公司控制的上市公司也属于子公司的范畴。根据《中华人民共和国公司法》的规定，母、子公司各自是独立的法人，依法独立承担民事责任。母、子公司存在控制与被控制的组织关系。尽管母子公司均拥有独立的法人地位，但是，在子公司的实际经营过程中，其实际控制权掌握在母公司手中，这使其失去了部分或全部自主决策的权力。母公司对子公司的控制权集中体现在两个方面：首先，母公司在子公司决策中拥有半数以上的表决权；其次，当母公司对子公司的表决权低于半数以下时，母公司可以通过间接方式实现对子公司的控制。本书对母公司的定义借鉴了《企业会计准则讲解2012》中的定义，上市公司是指母公司直接或间接控制的子公司。

1.2.4 财务控制的概念界定

（1）财务控制的定义

随着现代企业制度的建立，现代财务管理也随之出现，对应的财务控制概念也发生了改变。财务控制是指通过激励、约束等控制方式的建立，对企业内部主体的行为进行协调，保证其自觉遵守企业内部财务规章制度，并鼓励其充分有效地利用财务资源，提高财务资源使用效率，最终实现企业价值可持续增长的一项管理活动。方小龙（2013）认为，母公司财务控制是指集团母公司采用一定的手段对集团内各成员企业的财务活动进行管理控制，进而降低集团内部以及集团整体财务风险的一种管理方式。这里的财务风险主要是由于内外部环境不确定导致的实际结果偏离预期而产生的偏差，这主要发生在集团母子公司的财务活动中，严重时会给企业带来重大损失。与单一企业不同，集团企业不仅要关注自身的偏差，还要关注子公司偏离母公司预期可能产生的偏差，进而造成的损失。这是因为子公司的剩余控制权掌握在子公司管理者手中，此外，子公司管理者可能存在逆向选择和道德风险等机会主义行为，为了实现集团整体价值最大化目标，母公司有必要对子公司进行管控，即对子公司财务资源配置效率与财务风险进行控制。国外有关财务控制的研究大多集中在对管理控制的研究。财务控制是管理控制的重要组成部分，相比于其他控制，财务控制将控制目标具体化为财务指标，并纳入企业的预算与业绩评价和薪酬考核，为集团战略目标的制定提供信息基础、为集团战略目标的执行提供可靠依据、为集团战略目标的监督提供量化指标、为集团战略目标的考核提供数据支持。财务控制具有精确性、可靠性、明晰性、低成本性等特征，是集团管理控制的重要组成部分。集团财务控制以集团战略为“牵引”、以优化资源配置效率为“核心”、以有效管理风险为“底线”、以持续价值创造为“目标”。本书立足企业战略视角，将集团财务控制定义为，集团母公司利用各种控制手段对集团内财务资源进行配置，进而引导、控制和监督子公司的经济活动，最终实现集团总体发展战略与整体价值最大化的目标。

（2）财务控制方式的定义

财务控制方式是财务控制系统的核心，为财务控制系统的运行提供了基础框架和路径，对其进行优化可以有效提升财务控制系统效率。现有文献对财务控制方式的划分尚未达成一致意见，而西方学者多是根据管理控制方式的分类对财务控制方式进行分类。Simons（1995）指出，管理控制系统是指企业中存在的正式与非正式的，被管理层用于维持或改变企业活动的程序或规则，并提出了四种管理控制杠杆：信念控制、边界控制、诊断控制与交互控制。其中，信念控制是管理层用于定义、交流与强调基本价值、目标与企业发展方向的重要工具。边界控制与诊断控制都是消极的控制方式，边界控制向员工强调应该避免的风险。它们允许员工在特定的限度内自由决策，但是对特定界限之外的行为进行严格控制。交互式控制与信念控制是积极的控制方式，它们通过鼓励、激发员工的创新能力实现价值增值。

财务控制是管理控制在财务领域的具体运用，是通过财务控制方式实现企业财务目标与企业战略目标。有关财务控制方式的划分存在不同观点。总体来看，现有研究主要从控制机制、控制模式与控制内容三个方面对其进行划分。其中，Hopwood（1976）将财务控制系统分为管理控制与社会控制，Ouchi（1979）将财务控制分为市场控制、层级控制和内部团体控制。但上述分类过于宏观，无法揭示驱动财务控制系统的本质要素。

Otley and Merchant（1990）在对Merchant（1985）的观点进一步总结提炼后，将财务控制分为人员控制、过程控制与结果控制。其中人员控制有两种基本形式：员工的自我控制与社会控制。管理层可以提高对关键职位员工的能力与职责的控制，通过严格的选拔与替换政策，促进员工的交流，使他们更好地理解自己的职责。过程控制主要是通过对行为活动的控制来实现的，主要有三种形式：第一，行为限制，使某些行为不被执行或者是执行起来困难，这种控制包括物理控制（比如密码的设置、权限的设定）、职责控制（例如不相容职责的分离）；第二，行动前的检查，在行动之前对他人的工作进行检查，例如正规计划、方案的审批等；第三，行为责任控制，具体包括：确定行为的边界，以工作规章制度、行为准则的形式，对员工的行为进行追踪，对偏离目标的行为进行惩罚。结果控制的最基本形式就是结果责任制。预算控制就是一种重要的结果控制，它是对投入与产出同时进行控制的结果控制方式。尽管结果控制包括历史计量、反馈与奖励，但它是未来导向的，是通过对未来结果的承诺来激励员工的行为来实现的。好的控制是保证企业目标得以实现的基础，控制失败将会对企业造成严重损失。

姚颐等（2007）借鉴Merchant（1985）对财务控制方式的分类方式，构建了以人员控制、过程控制和结果控制为内容的财务控制框架。竺素娥（2002）认为，完整的财务控制系统应该包括财务组织控制、财务人员控制、财务制度控制、财务预算控制和一定的控制环境。高勇强和田志龙（2002）将财务控制划分为人员控制、制度控制和技术控制三个方面。巫升柱（2003）认为，人员控制、财务制度控制和财务信息控制是有机整体，它们共同构成了母公司财务控制。王月欣（2004）在对已有文献进行分析的基础上，将母公司财务控制按照实际与预期的关系分为前馈、现时和反馈财务控制。

总体来看，上述财务控制分类方式能较好地刻画财务控制基本方法，揭示了驱动财务控制系统运作的本质要素，使Merchant（1985）的观点得到了广泛认同与使用。Efferin and Hopper（2007）认为，Merchant（1985）的观点包含了广泛的正式和社会化控制机制，很好地对之前的研究进行了改进，并且没有对控制主体做出限定。结合中国企业集团自身实践中普遍采用的财务控制方式以及经典理论（Otley and Merchant，1990）提出的财务控制框架，本书将集团财务控制分为人员控制、过程控制与结果控制。其中，人员控制是财务控制的基础，主要包括财务总监委派制度。过程控制是财务控制的直接控制对象，主要包括：资金集中控制和信息集中控制。结果控制是以结果为目标的倒逼机制，是未来导向的，主要包括全面预算管理与绩效评价。本书之所以借鉴Otley and Merchant（1990）对财务控制的分类方法是因为这种分类方法与其他分类方法相比，更能揭示驱动财务控制系统运作的本质要素，对财务控制系统可以进行较为完整的刻画，最重要的是，该种分类方法更加符合我国企业集团财务控制实践，因此，更加贴合实际，便于理解。下面将对这五种财务控制方式的定义进行说明：

第一，人员集中控制——财务总监委派制度。集团财务控制活动的主要实施者是财务人员，能否有效地对财务人员进行控制直接关系到集团财务控制的实施效率和效果。财务人员控制方式有很多，但在现实中最常见的做法是财务总监委派制度。财务总监委派制度的基本原理是委托代理理论，该理论认为基于资产经营责任关系而成立的母子公司也是委托代理关系的一种，子公司接受母公司的委托对资产承担经管责任。在这种委托代理关系中，母子公司仍然是相对独立的个体，它们之间可能存在着利益冲突。而且母子公司间存在着信息不对称，子公司经理很可能为了追求个人利益而损害集团整体利益。因此，通过委派财务总监的方式，对上市公司的重大财务决策问题进行监督，并及时向集团传达有关上市公司可能存在的风险的信息，对降低由于上市公司财务风险引起的集团整体风险具有重要的防范作用。财务总监委派制是企业集团一体化理论的充分体现。但现实中，如果与财务总监委派相关的机制安排不合理，比如委派财务总监的薪酬与人事关系由上市公司管理，就会降低财务总监的监督动机与独立性，最终导致财务总监委派制度的失效。

第二，资金集中控制——财务公司。资金是企业生存与发展的命脉，也是集团财务控制的基础。从仅仅关注利润到开始重视现金流量，资金控制已成为集团财务控制的核心内容与重要手段。我国大部分企业集团建立财务公司的主要目的是加强集团资金集中管理程度和提高资金使用效率，并对集团内部成员提供财务管理服务。近几年，财务公司在数量、资产规模、营业收入和利润等方面均实现了迅速增长。自我国第一家财务公司诞生起，20多年来，财务公司行业发展迅速。《中国企业集团财务公司年鉴2016》的数据显示：截至2016年，全国财务公司共220家，其中中央国有企业集团财务公司109家，占比为49.55%，地方国有企业集团财务公司34家，集体民营企业集团财务公司3家，外资企业集团财务公司74家，财务公司总资产规模40 726.3亿元，净资产5 709亿元，实现净利润757.76亿元。财务公司为我国成功应对金融危机发挥了重大作用。原银监会主席刘明康（2004）指出，财务公司是集团发展到一定规模时，对内部资金实现系统化、专业化管理的结果，它是集团财务系统的升华，其主要目的是利用资金集中管理建立资金池，实现资金在集团内部的有偿调剂使用，进而降低融资成本与交易成本，最终实现企业财务资源的优化配置、提高资金使用效率、降低资金风险的目标。财务公司的管理与运行效率能够直接反映出企业的资金配置效率与资金风险的管控效率。但目前我国部分企业集团财务公司存在着管理效率低、大股东占款、资金调配效率低的现象。因此，对财务公司的管理是决定企业资金集中效率的关键，也是造成不同集团财务公司效率差异的症结所在。

第三，信息化建设——财务信息共享中心。信息的种类主要包括财务信息和非财务信息。财务信息是企业实现财务控制的基础，财务信息共享中心是指企业将已经存在于不同单位、部门的业务职能集中于一个新的、自治的业务组织内，这一组织有着明确的管理结构，专门负责为母公司的内部顾客们提供低成本、高效率、创造价值的服务，强化集团的财务管理能力，以提升企业价值。财务信息共享中心的总体目标是：实现对企业所有层次和业务的全覆盖；提高企业信息共享能力和业务协同能力；将企业经营决策、生产流程、风险管控等完全融合在一起，构建完成企业业务流程重组、运用信息管理技术重建企业的决策体系和执行体系。通过财务信息共享中心的建立可以加强上下级企业之间的信息传递与反馈速度，让企业集团更及时、更精确地了解下属企业的运营情况与风险状况，并对高风险企业及时采取防范措施，避免风险传染效应带来的集团整体财务危机。另外，财务信息共享中心的建立是实现业财融合的基础，能够实现业务信息转化的及时与准确以及对企业经济活动全过程的动态监控。众所周知，财务风险与经营风险存在着对立关系，两者的平衡对企业风险控制至关重要，而信息系统为实现这两者的平衡提供了信息基础与保障。

第四，全面预算管理。全面预算管理是企业实践中使用最为普遍的财务控制工具之一。国资委每年都召开央企全面预算管理专题会议，每家企业也有预算工作专题会议。大多数企业集团非常重视全面预算管理工作，并在全面预算管理方面取得了一定成果。比如，建立和完善了全面预算管理组织体系，不断改进预算编制流程与方法，提高预算管理科学化与精益化水平，持续、深入推进对标管理，不断完善预算执行分析监测与考核评价机制并严格预算刚性约束，明确确保完成各项预算目标的具体行动计划与工作安排。但现有全面预算管理还存在着以下问题：首先，全面预算管理的“财务”特性特别明显，总会计师及财务部门完全“主导”全面预算管理的现象十分普遍；其次，预算指标重点是当期的经营绩效，而与战略方针、公司资源配置、资本运作的连接比较薄弱，尤其是在通过预算来优化资源配置进而实现企业的战略目标方面还有很大改进空间；最后，预算管理对风险的关注不够。企业预算目标值的设定过于侧重经营规模、成本费用、利润绩效等，而忽视了风险控制指标的设定。因此，本书认为将资产负债率指标纳入全面预算管理体系，能够帮助母公司对资产负债率实施边界控制，有利于“去杠杆”政策的顺利落实。

第五，业绩评价——EVA考核。从2010年国资委将对央企的考核方法由“净资产收益率（ROE）”改为“经济增加值（EVA）”以来，EVA受到了学术界和实务界的广泛关注，形成了一系列有关EVA实施效果以及EVA在实操中存在问题的研究，这些研究大多对EVA考核指标的实施效果给予了肯定。目前国资委对央企业绩评价指标体系中，EVA所占比例最高。EVA业绩评价指标的提出为央企高管降低负债水平、严控负债率提供了激励机制。因为资金成本会直接影响EVA的大小，而过度负债会通过资金风险对资金成本产生重要影响，进而影响企业业绩评价结果，最终会影响管理层的薪酬水平，以此激励管理层更加关注过度负债风险。所以，本书认为，实施EVA考核能够促使管理层更加关注过度负债问题，在提高EVA的同时，匹配去杠杆、控风险策略。

1.3 研究目标与研究内容

1.3.1 研究目标

随着企业的“做大做强”，企业集团在我国经济中的地位也逐渐提高。企业集团在中国企业中发挥着顶梁柱的作用，对中国经济发展的贡献日益重要。但值得反思的是：高负债、高投资、高成本运营使得许多企业集团风险日积月累，最终导致整个集团在一夜间坍塌。为了促进我国经济发展的转型升级，供给侧结构性改革提出了创新驱动式发展，而供给侧结构性改革的核心内容是“三去一降一补”政策要求。高负债是企业财务危机和经济危机的重要引爆点，对过度负债问题进行治理显得紧迫而必要。结合我国现有制度背景与企业实践需要，本书将从母公司财务控制的视角，对“去杠杆”政策落地提供建议和意见。本书的研究目标主要包括以下三点：

第一，对我国上市公司过度负债的结构性问题进行研究，区分不同行业、地区、产权性质以及组织形式，对上市公司长期过度负债与短期过度负债进行对比分析，试图对我国上市公司过度负债的分布状况及动态变化进行深入了解。总体来看，我国上市公司普遍存在着高负债问题，但是不同行业、地区、产权性质的企业过度负债情况并不相同。本书将从长期过度负债与短期过度负债的视角，对不同行业、地区、产权性质和组织形式上市公司的过度负债情况进行对比分析，试图从整体中识别出过度负债企业。另外，在多元回归分析中，试图从母公司财务控制方式视角，对央企上市公司过度负债的横截面差异进行解释，以丰富该领域的研究。

第二，采用理论分析和实证分析相结合的方式，提炼总结出母公司财务控制方式影响过度负债的路径，并采用实证分析的方法对各种财务控制方式对过度负债的治理效果进行检验。同时找出影响财务控制发挥治理效果的关键成功因素，进而为母公司财务控制体系的完善提供建议和意见。

第三，考虑到企业过度负债可能会因不同企业特征的差异而存在差异，并结合现有研究中得出的过度负债关键影响因素，本书将按照盈利能力和成长性，将上市公司划分为盈利能力强与弱、成长性高与低四组，试图研究不同财务控制方式对过度负债的治理效应是否受企业自身特征的影响。

现有研究发现，盈利能力强的企业拥有更充裕的现金流以支撑其发展，因此其外部负债的需求更低。另外，盈利能力强的企业未来发生债务违约的风险更低，因此拥有更强的负债能力；而盈利能力弱的企业则相反。因此，母公司财务控制对过度负债的治理效应更可能体现在盈利能力较差的上市公司中。成长性也是影响企业债务融资的重要因素，成长性高的企业面临更多的外部投资机会，但是其自身的盈利能力不足，没有足够的现金流支持其投资。因此，其对外部债务资金的需求更高，而且成长性高的企业面临的风险更高，未来发生违约的概率也更高。为了避免这类企业对集团整体财务风险的影响，母公司财务控制可能会更加强调对高成长性上市公司过度负债的治理。

1.3.2　研究内容

本书拟采用“文献归纳与演绎—理论框架的构建—实证检验—研究结论与启示”的逻辑路线安排内容。本书的具体安排如下：

第1章　绪论

本章主要对本书的研究背景和研究意义进行详细说明，然后对本书的主要概念进行界定，再介绍本书的研究思路、研究方法，最后阐明本书的可能创新点。

第2章　文献综述

本章主要围绕三个方面进行文献综述：第一，梳理有关过度负债的研究，主要包括过度负债的影响因素、治理机制与动态调整。第二，梳理有关母公司财务控制的相关文献，主要从有关母公司财务控制理论基础、基础理论以及财务控制方式的实证研究三个方面展开论述。第三，梳理总结有关母公司财务控制方式影响过度负债的相关研究。通过对文献的归纳和演绎，一方面，归纳出母公司财务控制框架，并对该框架的组成内容进行阐述，具体从财务控制方式的视角进行说明；另一方面，通过对母公司财务控制方式的设计、执行，推演出母公司财务控制方式影响过度负债的具体影响路径，进而为后文实证研究中变量与模型的设计奠定基础。

第3章　制度背景与理论基础

本章主要利用权衡理论、适度负债理论、财务困境成本理论与委托代理理论对以下问题进行回答：企业是否存在过度负债？母公司财务控制为什么会影响过度负债？母公司财务控制影响过度负债的内在机理是什么？同时提炼出母公司财务控制系统框架，进而为后文的财务控制影响过度负债的具体作用机制奠定理论基础。

第4章　我国企业过度负债现状分析

本章选取2011—2015年我国上市公司的数据作为研究样本，借助回归分析法、行业均值法与行业中位数法计算出上市公司过度负债水平，从长期过度负债与短期过度负债视角，对不同行业、不同地区、不同产权性质企业以及不同组织形式上市公司的过度负债情况进行对比分析，试图找出过度负债企业的行业、地区分布情况以及动态变化趋势，最后选择过度负债最严重的企业作为后文实证研究的对象。

第5章　人员控制对上市公司过度负债影响的实证研究

本章主要研究了母公司人员控制对上市公司过度负债的影响，有关人员控制变量是采用母公司是否向上市公司委派财务总监进行度量，为了进一步考察不同母公司人员控制的差异，还同时考虑了与委派财务总监相关的要素安排，具体包括委派财务总监在上市公司中拥有的权力（是否为上市公司董事会成员）与委派财务总监的薪酬人事关系（是否隶属于集团母公司控制）两个方面对母公司人员控制对上市公司过度负债的影响进行研究。进一步研究中，还区分不同盈利能力和成长性上市公司，分别研究人员控制对不同特征上市公司长期过度负债与短期过度负债的影响。

第6章 过程控制对上市公司过度负债影响的实证研究

本章采用实证分析的方法研究了母公司过程控制对上市公司过度负债的影响。以资金集中控制与信息集中控制作为过程控制的替代变量，利用各年《中国企业集团财务公司年鉴》提供的资金集中度数据以及问卷调查获得的有关集团是否建立财务信息共享中心的数据，研究了资金集中度与财务信息共享中心建设对上市公司长期过度负债与短期过度负债的影响。在进一步研究中，区分不同盈利能力和成长性企业，分别研究过程控制对不同特征上市公司过度负债的影响。

第7章 结果控制对上市公司过度负债影响的实证研究

本章研究了母公司结果控制对上市公司过度负债的影响。将全面预算管理与业绩评价控制作为结果控制的替代变量，通过对中央企业集团母公司总会计师进行实地访谈的方式，获取了有关母公司全面预算管理和业绩评价方面的信息。有关全面预算管理主要是从三个方面进行度量：全面预算管理的主导机构、预算指标的设计以及全面预算管理的编制方式。分别从这三个角度研究其对上市公司过度负债的影响。有关业绩评价控制主要是通过母公司对子公司业绩评价体系中EVA所占比重进行度量。通过对这些财务控制方式的细化与分解，一方面能够看出母公司财务控制方式是否能够影响上市公司过度负债，另一方面能够从中找出影响母公司财务控制效果的关键成功因素，进而为母公司财务控制体系的完善提供经验借鉴。

第8章 研究结论、政策建议与研究展望

本章主要是对本书主要研究内容进行总结，得出研究结论以及研究过程中存在的局限性，在此基础上提出政策建议，并对未来可能进行的研究机会进行展望。

1.4 技术路线与研究方法

1.4.1 技术路线

图1-3为本书的研究技术路线图。

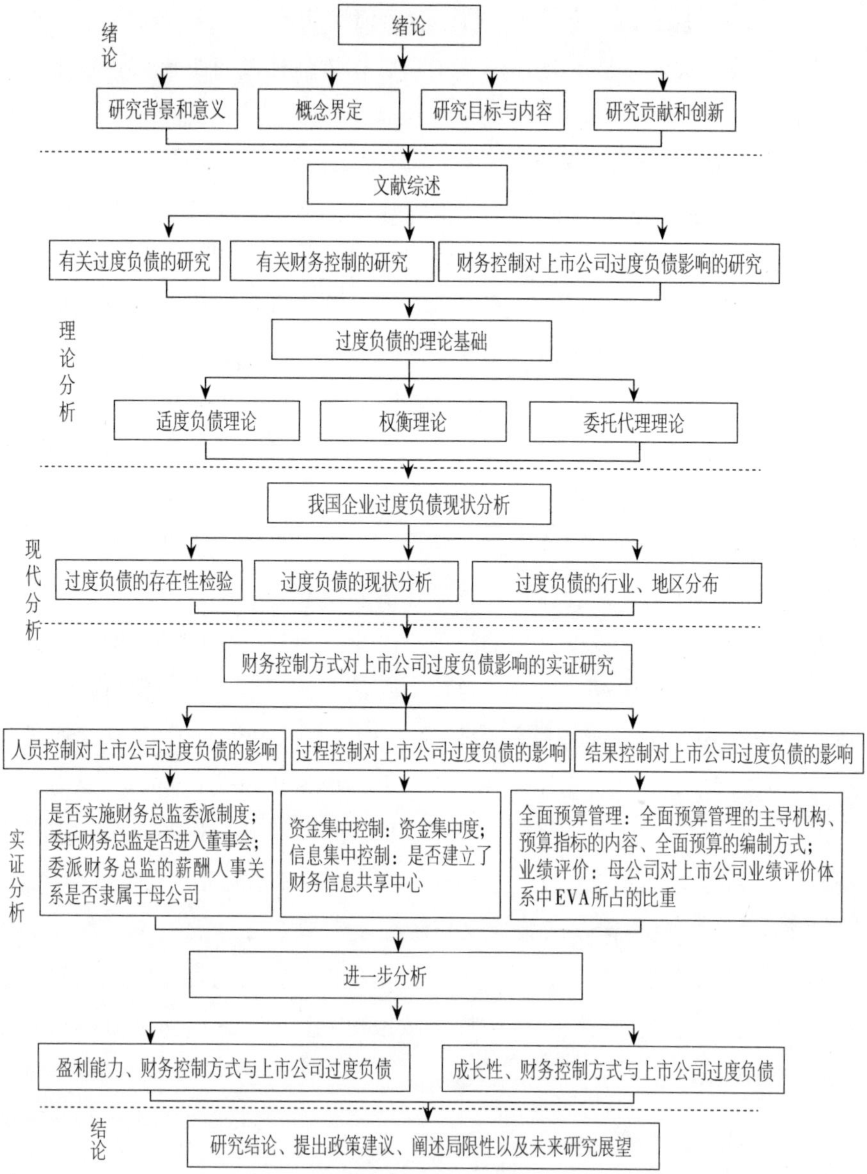

图 1-3　研究内容与技术路线图

1.4.2　研究方法

本书主要采用大样本实证检验和规范分析的方法，对母公司财务控制方式影响过度负债的理论基础与影响路径进行归纳总结，并利用大样本实证检验的方法，对规范研究中提出的假设进行数据检验，进而为本书的理论假说提供数据支持。

（1）规范分析法

本书采用规范研究的方法，以时间线索搜集过度负债、母公司财务控制相关研究文献，采用由内到外的归纳方法，对文献按照不同的类别进行归类总结。具体来讲，首先，对有关过度负债内部影响因素的研究文献进行归纳总结，内部影响因素具体包括公司治理、内部控制、管理者个人特征等影响因素。然后，对有关过度负债外部影响因素的研究文献进行归纳总结，具体包括制度环境、宏观经济环境、市场环境、行业环境因素等对过度负债的影响。最后，对有关母公司财务控制经济后果的研究文献进行归纳总结。

在理论分析方面，主要按照以下思路进行归纳：首先，根据适度负债理论，适度负债能够给企业带来财务杠杆收益，增加股东价值，但这种收益只有在息税前利润率高于利息率的情况下才能成立，一旦超过适度负债水平，过度负债会成倍放大企业财务风险，损害股东价值，增加企业财务危机成本，严重时甚至会导致企业破产。适度负债理论只是提供了企业应该适度负债的理论模型，但是并未采用实证研究的方法对这一假设进行检验。而之后的权衡理论，对企业是否存在最优资本结构进行了大样本检验。其中，动态权衡理论认为，企业存在目标资产负债率，但是由于调整成本的存在，企业负债率往往会偏离目标负债率，当企业实际负债率超过目标负债率较高水平时，会导致企业财务危机成本的上升，进而损害企业价值。另外，根据契约理论，企业是由一系列契约联结而成的，但是契约的不完备性导致了委托-代理问题，进而带来了管理者的逆向选择与道德风险问题，导致代理人为了自己的利益而从事机会主义行为损害委托人的利益。因此，企业可以通过激励和约束的方法对代理人的机会主义行为进行控制。财务控制将控制方式与财务指标等进行挂钩，并采用全面预算与业绩考核等方式，降低母子公司之间的委托代理成本。从根本上讲，财务控制就是为了弥补财务契约不完备带来的代理人的机会主义行为的控制方式，财务控制以企业战略目标为指引、以企业财务资源配置效率为核心、以风险管控为重点、以价值创造为目标，一方面能够提高企业财务资源配置效率，另一方面能够降低企业财务风险，而过度负债是导致企业财务风险提升的直接原因。因此，财务控制在治理过度负债方面应该能够发挥一定的治理效应。

（2）实证分析法

本书以2011—2015年央企集团控制的上市公司为研究对象，综合运用基本统计量分析、对比分析、相关性分析和多元回归分析等方法对研究数据进行实证检验。在多元回归分析过程中，首先对变量之间可能存在的共线性、相关性问题进行检验，避免变量选择偏误。其次，根据样本数据特征采用普通最小二乘法（OLS）、固定效应模型以及随机效应模型计算出企业的过度负债水平。在稳健性检验中，本书还采用了主成分分析法、变量替换法等方法控制过度负债变量可能存在的度量误差。由于本书的解释变量为公司内部机制设计变量，不仅是企业内部制度设计的数据，而且是母公司数据，被解释变量为上市公司过度负债数据，两者之间的内生性问题并不严重，因为母公司内部制度的设计受上市公司的影响并不大，而过度负债的度量是本书研究的关键，因此本书的稳健性检验主要是从过度负债度量方式的角度对本书的结论进行反复验证。

1.5 研究贡献和创新

本书在国内外相关文献的基础上，运用文献归纳与演绎的方法，提炼出母公司财务控制系统框架，并利用规范分析与实证分析相结合的方法，首次从母公司财务控制视角，对央企上市公司过度负债问题进行研究。与之前的文献相比，本书的创新点和贡献主要有以下三点：

（1）采用实地访谈的方法，获取了母公司财务控制方式的一手资料，并采用实证研究方法，对母公司财务控制方式的实施效果进行了系统性检验，弥补了该领域的研究空白。

现有关于母公司财务控制方式的研究存在着研究方法与度量指标的缺陷，在研究方法上大多采用规范分析的方法，在度量指标的选择上存在指标单一、代表性不强的问题。本书通过对央企母公司总会计师的实地访谈，获取了母公司财务控制方式的一手数据，并对财务控制方式的实施效果进行了大样本检验。

（2）拓展了过度负债影响因素的研究视角

现有研究大多从公司治理、内部控制、产权性质以及外部宏观经济环境视角对过度负债影响因素进行研究，鲜有研究从母公司财务控制方式视角入手，对过度负债问题进行研究的。这主要是因为财务控制的相关数据通常是内部的，很难通过公开渠道获得，进而增加了实证研究的难度。本书是较早采用实证研究方法对财务控制方式与过度负债关系进行研究的著作。

（3）从过度负债治理视角，找出了影响母公司财务控制实施效果的关键成功因素

现有研究大多采用理论分析的方法对影响财务控制效果的因素进行归纳总结，但是鲜有文献从过度负债视角，采用实证研究方法，找出影响母公司财务控制实施效果的关键成功因素。本书借鉴已有规范研究的结论，对这些可能影响财务控制实施效果的关键因素进行大样本检验，对该领域的研究做出了一定的补充。

第 2 章

文献综述

本章围绕研究主题对相关领域的研究现状和现有研究成果进行全面细致的梳理总结，通过国内外研究的横向对比、以时间为线索的国内研究文献的纵向对比，总结出现有研究可能存在的不足，为本书的研究提供方向指引，同时为后文的创新奠定基础。本章第一节主要围绕有关过度负债的研究进行文献梳理，具体按照过度负债内部影响因素与外部影响因素对相关研究文献进行梳理总结；第二节主要围绕有关财务控制基础理论研究、财务控制方式研究与财务控制实证研究三个方面对相关文献进行梳理总结；第三节从财务控制的具体方式入手，对不同财务控制方式与债务融资的相关研究进行文献梳理；第四节为本章小结，主要对现有文献中可能存在的不足和空白进行归纳总结，进而为本书的研究内容做铺垫，试图找出可能的研究机会。

2.1 过度负债影响因素相关文献回顾

从理论上来讲，企业资本结构问题的研究包含了企业债务方面的研究，因为企业的负债水平也是企业资本结构决策的结果，而现有关于过度负债影响因素的研究大多是从资本结构影响因素视角出发，对过度负债的影响因素进行分析。总体来看，现有研究主要从企业内外部因素两大方面对过度负债的影响因素进行了研究，其中，内部影响因素主要包括企业的自身特征、公司治理以及管理者个人特征等；外部影响因素主要包括宏观经济环境、经济周期、货币政策、法律环境、制度环境与产品市场竞争环境等。本节将按照影响因素的两个来源对相关文献进行梳理归纳。

（1）过度负债的内部影响因素

①企业自身特征对过度负债的影响

现有关于过度负债的研究并不多见，更多是有关企业资本结构影响因素的研究。由于过度负债的出现依赖并取决于企业的资本结构水平，因此，资本结构的影响因素也是过度负债的重要影响因素。所以，这里将从资本结构影响因素出发，试图从现有文献中归纳出过度负债的影响因素。Titman and Wessels（1988）对企业资本结构影响因素进行了研究，结果发现抵押资产价值比例、非债务税盾、企业的成长性、产品专用性、行业负债率水平、企业规模、盈余的波动性和盈利性是影响企业资产负债率最关键的八个因素。之后的学者主要是通过对他们的分析框架进行扩展分析的基础上对负债率的影响因素进行了研究。在国内，最早对企业资本结构影响因素进行研究的是陈小悦和李晨（1995），他们利用沪市A股上市公司1993—1994年的数据，以资本资产定价模型（CAPM）为分析基础，运用相关性分析和多元回归分析的方法，考察了股票收益率与资产负债率的关系，结果发现股票收益率与企业负债率之间存在显著的负相关关系，并认为这可能是由破产制度的不健全以及在信贷控制下绩优公司较易获得贷款导致的。

陆正飞（1996a）发现，企业规模、收益率、所有制结构以及企业组织形式都与负债率存在一定的关系。陆正飞（1996b）认为，只有当息税前资金利润率高于负债的资金成本（利息率）时，负债才能给企业带来杠杆收益。陆正飞和高强（2003）在一项针对我国上市公司融资情况的问卷调查中发现：89%的样本公司认为企业存在最优资产负债率。进一步调查发现，约25%的样本公司目前的资产负债率已经超过自己认为“合理”的资本结构所允许的资产负债率。由此可见，在现实中，企业存在目标资产负债率，而且大部分企业已经认识到自身存在着负债承受能力的限制，过度负债会给企业带来不良结果。

以上关于资本结构的研究中存在着以下问题：从静态角度研究动态资本结构、没有控制时间特征效应、没有控制不可观察的公司特征效应，为解决以上问题，肖作平（2004）研究发现，资产构成、公司规模、成长性等是影响企业负债率的最关键因素。Hovakimian et al.（2004）通过对同时发行股票和债券、仅发行股票与仅发行债券企业融资决策的影响因素进行对比分析，发现企业的市账比显著提高了企业股票发行概率，企业盈利能力显著提高了企业债券融资的概率，他们的研究表明企业存在目标负债率，但市账比并未对企业的目标负债率产生显著影响。Banerjee et al.（2004）发现，在现实中由于交易成本的存在，资本结构调整成本通常会比较高，这降低了企业向目标资本结构进行调整的动机，使得现实中企业的资产负债率都是偏离目标负债率的。Flannery and Rangan（2006）通过构建资本结构局部调整模型发现，从长期来看，企业存在着向目标负债率趋近的行为，尽管股票回报率会影响企业目标负债率的调整，但是这种效应只是短暂的，从长期来看企业存在目标负债率，且一直在向目标负债率调整，每年的调整速度大概为30%。

Gan（2007）对日本企业的研究发现，持有土地的企业，当土地流动性下降时，企业负债能力下降，同时导致负债水平发生显著下降。Campello and Giambona（2010）发现，资产专用性较差的资产，比如企业的土地、房屋等，由于其很容易被他人使用，因此这些资产的增加能够显著提高企业的负债能力，同时也带来了企业较高的杠杆率。然而，专用性较强的资产降低了企业的负债能力，进而降低了企业的负债水平。另外，他们发现资产可利用性对企业负债能力的影响在信用紧缩时期、融资约束高的企业中表现得更加显著。Byoun（2008）发现，企业的资本结构调整不仅是部分调整，而且是非对称调整。过度负债企业，在资金充裕时向下调整负债率的概率更高，但在资金不足时向下调整负债率的概率更低。负债不足企业在资金不足时向上调整负债率的概率更高，在资金充裕时向上调整负债率的概率更低。当资金不足时，负债不足的企业并不会全部利用负债融资提高资产负债率，但是当资金充裕时，过度负债的企业会用充裕的资金偿还过度负债。他们的结论表明，当企业存在资金剩余且过度负债的时候，其资本结构调整动机更强、速度更快。Chang et al.（2014）发现影响中国企业资产负债率的最核心因素主要包括：总资产收益率（ROA）、行业负债率均值、总资产增长率、有形资产比例与企业的资产规模。其中ROA、行业平均负债水平、有形资产比例、总资产规模这四个变量是国际研究中公认的影响所有企业负债率的核心变量。盈利性是影响企业负债的最核心指标，其影响力度也是最大的，而且在中国，该指标的系数相比美国企业更大，因为中国存在着融资限制，因此内部资金积累对企业负债的影响非常大。影响程度居第二位的是行业负债水平的中位数，现有研究发现企业会参照同行业资产负债率均值或中位数制定自身的资产负债率水平。影响程度居第三位的是企业的成长性，这一指标在美国企业负债率的影响因素中并不显著，这是因为中国资本市场、金融市场欠发达，导致成长性高的企业更多地依赖负债融资，因此成长性与负债显著正相关。居第四位的是企业有形资产比率。最后是企业资产规模。总的来说，无论是在美国还是在中国，通货膨胀并没有对企业负债产生显著影响。

②公司治理对过度负债的影响

王合绪（2001）认为，所有者控制受阻是导致经营者过度负债的重要原因，消除所有者的行为障碍是解决企业过度负债的有效途径，这里的所有者行为障碍主要是指由于政府干预造成的投资者监督无效。陈共荣和胡振国（2003）认为，公司治理结构目标是决定企业债务融资与股权融资的重要因素，通过债务融资与股权融资能够改变股东或管理层的控制权，进而影响企业价值。吴晓求和应展宇（2003）从管理层激励的视角对企业负债率进行研究，结果发现对管理层激励可以降低企业的委托代理成本，进而使得管理层按照价值最大化的方式进行债务融资，保证了企业资本结构的最优化。

肖作平（2005）研究了公司治理对企业负债融资的影响，具体从企业的股权结构、股权集中度、管理层持股比例与董事会特征的视角出发，研究其对企业负债率的影响，结果发现公司治理效率的提高能够提高企业负债的合理性。Titman and Tsyplakov（2007）认为，股东与代理人之间的冲突以及财务困境成本是影响企业过度负债的主要原因，其中前者显著降低了企业目标资本结构调整速度，而后者显著提高了企业目标资本结构调整速度，并且财务危机成本的提升能够显著促进企业管理层向目标资本结构进行调整的行为，以避免企业陷入财务困境。Sheridan and Sergey（2008）发现，以股东价值最大化为目标的企业，过度负债调整动机更小，因为他们更愿意将企业的盈利向股东转移，而不是偿还债务。但是财务困境降低了股东价值最大化企业的这一动机，促使其向目标负债率调整。因为相比破产成本，调整资本结构的成本更小一些。他们的研究表明，以股东价值最大化为目标的企业没有发生财务困境时，其向目标负债率调整的动机很小，不论是过度负债还是负债不足，直到这些企业意识到很可能发生财务困境时，才会加快过度负债的调整速度，因此财务困境成本加快了过度负债调整速度，降低了企业出现过度负债的概率。

郝东洋等（2012）研究发现，内部控制水平越高的公司，其负债率调整的速度会越快，同时实际负债率偏离目标负债率的程度也会更低，内部控制对负债率的动态调整具有促进作用，且在过度负债的公司中表现得更显著，负债率动态调整速度、负债率偏离程度在内部控制与公司价值的正相关关系中发挥了显著的部分中介效应。郑国坚等（2013）发现，大股东能够在很大程度上干预上市公司的公司治理系统，进而可能改变这些治理系统对上市公司的治理效果，最终帮助大股东摆脱财务困境。陆正飞等（2015）从产权性质的视角，检验了产权性质对企业过度负债的影响，该篇文章是国内首篇明确对过度负债影响因素进行实证研究的文章。他们发现，从长期过度负债视角来看，相比于非国有企业，国有企业的资产负债率高于长期目标资产负债率的程度和可能性更低。但是，从短期过度负债视角来看，国有企业利息覆盖率过低的可能性更大、程度更高，这说明相比非国有企业，国有企业出现短期过度负债的概率更高。

③管理者个人特征对过度负债的影响

姜付秀等（2009）从管理者个人特征的视角出发，研究了管理者过度自信对企业财务困境风险的影响，过度自信显著提高了企业陷入财务困境的概率与过度投资行为。这说明相比于财务困境状况，企业管理层更加注重企业规模的扩张。Malmendier et al.（2011）研究了国外CEO的大萧条经历对企业债务融资水平的影响，他们发现CEO的大萧条经历会降低企业的负债水平，这是因为大萧条经历提高了CEO的谨慎性，使得其对过度负债风险的规避程度更高。

（2）过度负债的外部影响因素

①外部环境对过度负债的影响

中国工商银行湖南分行课题组（1996）的研究发现，国有企业过度负债的主要原因是承担了过多的社会福利建设项目，他们将这些视为国有企业的过度负债，并认为解决过度负债主要应从国家制度层面着手，企业内部的资金周转率、经营效率也是解决过度负债的重要途径，并建议国家相关监管部门将资产负债率纳入对国有企业管理层的考核评价体系中，促使其重视资产负债率水平，避免财务危机的发生。Laurence et al.（2001）发现，相比于发达国家，发展中国家的负债率水平更高，具体表现在长期负债方面。因此，他们认为，国家的法律环境、对投资者的保护力度是影响企业负债的重要因素。另外，他们发现股票市场的流动性、银行业的发展以及企业的信贷政策也是影响企业负债率的重要因素。

Loof（2004）发现，金融市场规模、股票市场发展状况与税收体系对一国企业资本结构优化行为具有重要影响。例如，相比那些以股票融资为主要资金来源的国家，以银行贷款为主要融资来源的国家的企业的资产负债率水平更高，其偏离目标资产负债率水平更加严重。Shinichi and Naohiko（2004）对20世纪90年代以来，日本企业“去杠杆”效果进行检验后发现，信用评级是影响企业向目标负债率调整快慢的关键因素，信用评级高的企业向目标负债率调整的速度比信用评级低的企业更快。Faulkender and Petersen（2006）发现，拥有信用评级的企业的负债水平显著高于没有信用评级的企业，他们认为企业的融资渠道是决定其负债水平的关键因素，能够进入债券市场的企业的负债水平与不能进入债券市场的企业之间存在显著差异。

方军雄（2007）认为，制度环境是导致国有企业负债率过高、负债期限较长的主要原因，改善制度环境是解决国有企业过度负债的重要途径。余明桂和潘红波（2008）认为，地方政府倾向于对国有企业提供无效率支持和保护，但是这同时也会使国有企业产生一种能够获得政府补助的预期，进而导致企业过度举债。此外，地方政府为了加快地方GDP的增长，会鼓励国有企业扩大投资规模，这又会进一步强化企业过度负债的动机（Cull and Xu，2003；Huang，2003）。

Coricelli et al.（2010）对发展中国家的过度负债情况进行分析后发现，银行效率越低、资本市场越不发达的国家，越有可能过度负债。Driffield et al.（2010）对受金融危机冲击的七个亚洲国家的负债水平以及负债调整速度进行研究后发现，受金融危机冲击较大的企业过度负债现象更加严重，资本结构调整速度更慢，而且外部资本市场的管制水平与企业内部自身现金流都是影响企业过度负债以及过度负债调整速度的关键因素。盛明泉等（2012）发现，预算软约束与我国国有企业过度负债之间存在着显著的正向关系。因此，他们认为，预算软约束是造成国有企业过度负债的重要原因。

Chang et al.（2014）认为，由于中国银行系统的非效率性与《中华人民共和国企业破产法》的执行不力导致了中国国有企业短期借款高、财务风险高。邓路等（2016）研究了货币政策与产权性质对过度负债的影响，结果发现，在宽松的货币政策下，非国有企业更有可能出现过度负债，在紧缩的货币政策下，国有企业更有可能出现过度负债。吕炜等（2016）从宏观层面研究如何解决我国企业的过度负债问题，他们认为，现阶段合理调整政府支出结构是保证企业顺利去杠杆的重要手段。陆蓉等（2017）研究发现，我国上市公司的资产负债率存在着“同群效应”，也就是说企业会根据其所在行业中最优秀企业的资产负债率水平调整自身的负债水平，当行业中最优秀企业提高负债水平时，其他企业也会竞相提高自身的负债水平，最终出现该行业整体负债水平过高的现象，增加了行业债务违约的系统性风险。这种行业因素的影响甚至比企业自身特征对过度负债的影响更加显著。

中国金融论坛课题组（2017）研究发现，预算软约束的存在降低了国有企业融资约束和破产的概率，促使了国有企业主动举债行为的发生。在我国，有许多大而不倒、僵而不死的房地产企业，其杠杆率显著高于同类企业，加上刚性兑付与高昂的破产成本，进一步刺激了其过度负债行为。国有企业负债率明显高于民营企业是我国非金融企业债务结构的一个显著特征。结合资产收益率来看，非国有企业的资产收益率显著高于国有企业。这主要是因为在财政分权和晋升锦标赛模式下，地方政府成为国企的资源配置主体，大多数国企进入基建、房地产和重工业等长期投资领域，这进一步恶化了产能过剩和过度负债问题。

②利益相关者对过度负债的影响

Kale and Shahrur（2007）发现，当企业与供应商和客户之间具有特殊的投资关系时，企业的债务水平会更低，因为这种特殊投资关系的维护提高了企业对风险的关注。Banerjee et al.（2008）利用供应商的数据分析后发现，当企业供应商的产品具有较高的专用性时（客户很固定），企业的负债水平会更低。同时，当供应商的客户数量较固定时，供应商的负债水平也更低。Agrawal and Matsa（2010）发现，企业的负债水平会随着企业为员工购买的失业保险数量的增加而上升，他们认为这是因为失业保险降低了员工的职业忧虑，进而降低了他们对企业过度负债造成的财务危机的担忧，降低了其讨价还价的能力，所以企业管理层会提高企业负债水平。翟胜宝等（2014）研究发现，银行关联提高了企业获取银行贷款的能力，促进了上市公司的过度投资行为，导致企业价值损失与风险的提高，最终导致企业过度负债。Appel et al.（2016）研究了机构投资者与企业负债之间的关系，他们认为，不同时期、不同类型的机构投资者对负债的影响不同，消极的机构投资者缺乏动机与资源监督企业，这降低了其对企业过度负债的监督效应，而积极的机构投资者显著降低了上市公司的过度负债水平。Roni et al.（2017）对机构投资者发展趋势与美国上市公司"去杠杆"进程进行对比分析后发现，美国机构投资者的发展与美国上市公司负债率的下降之间表现出较高的一致性，进一步研究发现，积极监督的机构投资者显著降低了企业的过度负债水平，其主要途径是通过降低企业长期负债水平实现"去杠杆"，且这种降低效应在高杠杆企业中表现得更加显著。

③产品市场竞争对过度负债的影响

Abede et al.（2008）研究发现，在不同的竞争型组织中，产品市场竞争对企业负债的影响是不同的。在竞争型组织中，产品需求的不确定性与成本的不确定性都会导致企业负债的显著增加。在互补型竞争组织中，他们发现需求的不确定性增加了企业负债，但是成本的不确定性并没有增加企业的负债。姜付秀（2008）研究发现，产品市场竞争是导致企业偏离目标负债率的主要原因，产品市场竞争越激烈，企业资本结构偏离目标资本结构的程度越小，因此，增加产品市场竞争可以有效降低企业过度负债。

他们发现，企业目标负债率受公司规模、盈利能力、成长能力、抵押能力、行业和地区等因素的影响。并且，由于交易成本的存在，企业可能会出现偏离目标负债率的情况，进而出现过度负债或负债不足现象，这又会对企业经营发展产生一定的影响。综合上述研究可以发现，第一，由于内外部环境因素的影响，我国企业普遍存在着过度负债问题；第二，现有研究大多研究了企业内外部环境因素对过度负债的影响，并提出了治理过度负债的有效措施，但是并没有研究从母公司财务控制视角，研究其对过度负债的治理效应。因此，本书的研究将对该领域研究做出一定的补充。

2.2 母公司财务控制相关文献回顾

有关母公司财务控制的研究大多是规范类研究，这类研究主要集中在以下方面：母公司财务控制的定义、目标、方式、内容等方面的基础理论的研究。少数学者采用实证研究方法对母公司财务控制影响因素和经济后果进行研究。

（1）母公司财务控制理论基础研究综述

①有关财务控制定义的研究

有关财务控制的定义存在许多观点，由于财务控制属于管理控制的范畴，因此有关财务控制的定义受到了管理控制定义的影响。有关管理控制的定义中，Anthony（1998）的观点较具有代表性。他认为，管理控制是管理者通过制订计划、组织协调、传递和评估信息、影响他人行为等方式，对组织中其他成员的行为进行影响，最终确保组织战略目标的实现。借鉴这一定义，财务控制可以理解为运用财务法规、财务制度与财务计划对资金活动进行组织、指导、约束和监督，进而实现财务目标。耿云江（2008）从企业战略视角将母公司财务控制定义为：集团母公司基于出资人所有权，利用各种控制手段和方法，对企业集团内的各种财务资源及各成员企业的经济活动进行调节、引导、控制和监督，以保证企业集团总体发展战略与整体价值最大化目标的实现。

王永海（2000）认为，财务控制是在考虑公司治理结构需要和生产经营活动特征因素后，为实现对公司治理结构中利益相关者的相互制衡而设计的一套制度安排。财务控制是公司治理的重要组成部分，其目的是降低委托人与代理人之间的信息不对称、降低契约的不完备性和契约责任的不对等性。具体体现在三个方面：第一，分散委托人风险，保证了委托人的监督权；第二，维护管理者的控制权；第三，通过考核的方法实现对代理人的激励。

②有关财务控制内容的研究

汤谷良（2000）认为，现代财务管理的理论、环境以及人们对财务管理的预期都发生了变化，在对财务控制相关研究问题进行分析时，要以委托代理理论为理论指导，以“产权清晰、权责明确、政企分开、管理科学”为要求。据此，他提出了“财务控制新论”，具体包括：集团母公司及其董事会是财务控制的主体，企业集团财务控制的客体包括人以及现金流等财务资源；为了实现集团财务控制目标，就必须依靠一系列激励和约束手段；企业集团财务控制的目标是消除隐患、防范风险、规范经营、提高效率，而集团财务控制目标的实现需要借助各种财务控制手段。张保中（2007）从财务治理的视角对集团财务控制进行研究，他认为公司治理是现代企业制度中最重要的架构，公司治理解决的核心问题是委托代理问题产生的代理成本，财务治理涵盖于公司治理之中，财务治理就是公司财权在各产权主体之间的分割、重组与运用，或换而言之是其配置，以保证各产权主体对公司的财务事项决策、执行与监督等过程施加应有的影响力，进而保证其产权利益的维护与增进。财务控制包括两个基本层面：一个是各产权主体对公司的财务决策、执行与监督的控制，是对公司财权的配置与控制，也即财务治理层面上的控制。另一个是公司对其控制的财务资源的配置与控制，也即财务管理层面上的控制。前一层面的控制是权利义务关系上的控制，是公司存续的前提；后一层面的控制是财务资源或者说“物”的意义上的控制，是公司财务活动的内容之一。因此，可以说，财务治理层面的控制是财务控制中内在的、隐含于“地下”或“观念中”的基础部分；而财务管理层面的控制是财务控制中外在、显露于“地面上”的部分。前者是后者内在的决定因素，后者是前者外在的显现与延续，二者共同构成完整的财务控制。他进一步从财务总监委派、全面预算管理、业绩评价与薪酬激励这四种财务控制方式入手，运用理论分析的方法，详细阐明了财务控制实现财务治理目标的路径与机理。

③有关财务控制目标的研究

陆正飞（2000）认为，母公司财务控制是保证集团整体利益一致性与整体利益最大化的重要途径。胡国柳等（2004）认为，财务控制和财务战略是统一体，财务控制为财务战略目标的实现提供路径和基础，财务战略为财务控制的实施提供了向导和目标。王吉鹏等（2008）认为，财务控制是集团管控的一个核心环节，无论采用何种集团管控模式，财务控制都是必要的，它是集团管控的底线。王斌和高晨（2003）认为，不同的企业组织，尤其是企业集团组织，财务控制系统的构建可能比经营控制系统的构建更为重要。财务控制自产生以来就与信息效率有着紧密的联系，财务控制系统的优势在于它拥有生成、加工、传递、反馈和使用财务与非财务信息的功能。此外，它能够实现组织设计的扁平化，有利于降低经营系统的运行成本，提高运行效率。没有良好的财务控制系统，企业将难以应对经营过程中出现的财务风险。骆家駹（2014）将信息化与财务控制相融合的思路运用到现有的财务管控框架中，实现了企业边界与企业能力边界的扩展。他认为财务控制是实现财务资源优化配置的重要手段，但是随着外部信息化与资本市场化的发展，企业内部只有将信息技术与财务控制相融合，借助财务控制效率的提升实现内部财务资源配置效率提升的目标。

④有关财务控制方式的研究

a.有关财务控制方式定义的研究

国内学者并未对财务控制方式的划分形成一致意见，而且现有关于财务控制方式的研究受管理控制方式的影响较大。Simons（1995）指出，管理控制系统是指企业中存在的正式与非正式的，被管理层用于维持或改变企业活动的程序或规则，并提出了四种管理控制方式：信念控制、边界控制、诊断控制与交互控制。其中，信念控制是管理层用于定义、交流与强调基本价值、目标与企业发展方向的重要工具。边界控制与诊断控制都是消极的控制方式，边界控制向员工强调应该避免的风险。它们允许员工在特定的限度内自由决策，但是对特定界限之外的行为进行严格控制。交互式控制与信念控制是积极的控制方式，它们通过鼓励、激发员工的创新能力实现价值增值。财务控制是管理控制在财务领域的具体运用，通过财务控制方式实现企业财务目标与企业目标。

b.有关财务控制分类方式的研究

有关财务控制方式的划分存在不同观点。总体来看，现有研究主要从控制机制、控制模式与控制内容三个方面对其进行划分。其中，Hopwood（1976）将财务控制系统分为管理控制与社会控制，Ouchi（1979）将财务控制分为市场控制、层级控制和内部团体控制。但上述分类无法揭示财务控制系统的本质要素。因此，Anthony（1989）将财务控制分为正式控制与非正式控制，但正式与非正式的区分方法存在一定的困难。而Merchant（1985）将财务控制分为人员导向控制、行为导向控制与结果导向控制，这一分类更加能够揭示财务控制系统的本质要素。Otley and Merchant（1990）在对Merchant（1985）的观点进一步总结提炼后，将财务控制分为人员控制、行为控制与结果控制。其中人员控制有两种基本形式：员工的自我控制与社会控制。管理层可以提高对关键职位员工的能力与职责的控制，通过严格的选拔与替换政策，促进员工的交流，使他们更好地理解自己的职责。行为控制主要有三种形式：第一，行为限制，使某些行为不被执行或者执行起来困难，这种控制包括物理控制（比如密码的设置、权限的设定）、职责控制（例如不相容职责的分离）。第二，行动前的检查，在行动之前对他人的工作进行检查，例如正规计划、方案的审批等。第三，行为责任控制，具体包括：确定行为的边界，以工作规章制度、行为准则的形式，对员工的行为进行追踪，对偏离目标的行为进行惩罚。结果控制的最基本形式就是结果责任制。预算控制就是一种重要的结果控制，它是对投入与产出同时进行控制的结果控制方式。尽管结果控制包括历史计量、反馈与奖励，但它是未来导向的，是通过对未来结果的承诺来激励员工的行为来实现的。好的控制是保证企业目标得以实现的基础，控制失败将会对企业造成严重损失。

（2）有关财务控制基础理论的研究

张先治和袁克利（2005）认为，财务契约为财务治理提供了治理机制、治理目标和控制标准，是财务治理的基础。但在现实中，契约一旦签订即成为硬性制度，有关契约条款的具体运用却存在一定的灵活性。因此，需要对契约关系中的代理人进行持续监督和控制，进而保证契约条款的贯彻执行。此外，随着外部环境的变化，可能需要对契约进行重新修订，以保证企业经营效率的实现。因此，需要实施治理层次上的财务控制。财务治理是财务控制的基础，是财务控制权力的来源，财务控制的实施以财务治理目标为目标，以财务治理中财权的分配为基础，以财务治理中的对象为控制对象，所有的契约中都包含着财务控制条款，这些条款涉及财务控制方式、目标和对象等。所以说，契约理论是财务控制最根本的理论基础，财务控制的产生也是源于财务契约的不完备性导致的委托代理问题。

母子公司之间是一种委托代理关系，因此，委托代理理论成为母公司财务控制的重要理论基础。委托代理理论认为，由于母子公司之间存在着信息不对称，子公司经理可能为了追求私人利益而做出损害集团利益的机会主义行为。另外，母子公司间存在的利益冲突，会进一步促使子公司经理不顾母公司利益，做出损害公司价值的行为（Eisenhardt，1989）。因此，母公司需要设计一套约束激励机制来缓解委托代理问题，而财务控制就是其中最重要的一种控制方式。财务控制，一方面，可以降低母子公司之间的信息不对称，降低子公司管理者的机会主义行为；另一方面，可以加强母子公司之间的利益协同，促使母子公司共同为集团整体战略目标的实现而努力。

杨有红和叶华（2006）指出，任何企业集团母公司都必须对其子公司的经营活动和财务活动进行监督和控制。但是，对子公司的控制不能过于集权，应该避免对子公司财务活动的过度干预。即母公司必须在确保子公司行为满足集团战略要求的同时，提高对子公司的控制程度，在掌控子公司行为的同时对其保持一定的弹性管理。张双才等（2006）认为，集团财务的特点决定了财务控制在集团财务管理中处于核心地位。首先，母子公司间可能存在着利益冲突，而财务控制为母子公司之间的利益协调提供了有效途径。由于委托代理问题的存在，母子公司之间可能存在着利益冲突，子公司可能为了追求私人利益而损害母公司乃至集团整体利益，财务控制的实施能够增强母子公司财务活动的统一性和协调性，降低委托代理成本。其次，母子公司间的产权关系奠定了财务控制的基础。集团整体价值的实现，既依赖于财务资源在各子公司间的优化配置，又依赖于财务资源在各子公司内部的配置效率，对于集团母公司来讲，以产权为基础的财务控制是保证财务资源有效配置的基础。最后，企业集团的多层次性决定了财务控制在财务管理活动中的核心地位。不同层级的企业财务管理活动的重点存在差异，但母公司财务控制的实施能够提高子公司对集团整体目标的认同，促使其为集团整体目标的实现做出努力。

（3）有关母公司财务控制的实证研究

现有关于母公司财务控制的文献大多采用问卷调查、实地调研与案例分析的研究方法。姚颐等（2007）对我国母公司财务控制现状及其效率问题进行了问卷调查，并采用实证分析的方法对财务控制效率的影响因素进行了检验，结果发现企业文化、对子公司财务人员的控制、投融资决策的完善程度、成本费用控制的满意度、预算制度的满意度、业绩标准对奖励的决定性、资金调控完善程度、资金调控满意度、财务信息的信度、成本中心完备性、预算目标可实现度、预算目标满意度都与财务控制系统的效率正相关。子公司投资自主权、子公司对外担保权、预算目标设定难度、内部审计满意度与财务控制系统的效率负相关。李焰等（2007）采用案例研究的方法发现，复兴集团较差的财务控制促使内部管理者通过并购自由现金流充裕的企业降低集团内部的融资约束，但是这种并购并未带来企业经营绩效的提升，最终造成了企业财务风险的提高。因此，他们认为集团之所以走向“死亡”，一方面与其并购对象的选择有关，另一方面也与集团的财务控制密切相关，在集团化运作过程中，对风险的控制不仅可以提高内部资源配置效率，还能够避免企业陷入财务危机。

王吉鹏等（2008）对我国集团财务控制现状进行分析后发现，我国集团财务控制主要存在以下问题：第一，财务控制缺乏一体性。具体表现为集团下属分子公司财务管理各自为政，阻滞了资源优化配置与要素优化组合。第二，财务控制缺乏科学性。具体表现为财务控制观念落后，导致缺乏时间价值、风险价值、边际成本等科学管理理念。第三，财务控制缺乏全面性。具体表现为财务控制配合机制不全，导致下属公司财务管控失效。第四，财务控制缺乏动态性。具体表现为财务控制内容不足，导致事前预算与事中控制缺失。第五，财务控制监管缺乏力度。具体表现为财务控制监管不力，导致会计法规与制度未得到遵守，权力约束不足。第六，经营风险、财务风险无法有效控制。具体表现为财务信息不准确，导致集团无法掌握下属公司的真实财务状况，无法控制其经营风险和财务风险。

陆正飞和张会丽（2010）研究发现，母公司财务控制力度越大，子公司的寻租行为越低，由于现金流产生的代理问题越不严重。李延喜等（2011）发现，集团财务控制的主要动因是降低集团风险，财务控制机制的设置显著提高了集团公司的财务绩效与公司治理效率。王丽敏等（2010）从制度控制、行为控制、结果控制与信息控制四方面构建了企业集团财务控制的评价指标，并基于调研数据检验了企业集团财务控制水平对子公司绩效的影响。研究结果表明，总体而言，在国有大型企业集团中，财务控制效率较高，其中制度控制与行为控制的效率要高于结果控制，集团财务控制各级指标均对子公司绩效具有显著的正向影响。

张会丽和吴有红（2011）研究了集团财务资源集中控制程度对上市公司经营绩效的影响，结果发现集团财务资源配置的集中程度与企业经营绩效呈显著的倒U形关系。王昶和姚海琳（2011）采用问卷调查的方法对集团财务控制及其影响因素进行研究，他们将集团财务控制分为目标控制、活动控制、结果控制与文化控制，研究发现环境不确定性、总部价值创造能力、子公司相关性以及子公司创业精神是影响集团财务控制效率的重要因素。纳鹏杰等（2012）研究了集团财务控制与上市公司现金持有水平之间的关系，他们分别从人员控制、资金控制与信息控制三个方面对集团财务控制进行度量，结果发现，集团财务控制能够显著影响上市公司的现金持有水平。具体表现为，集团选派财务总监能够显著降低上市公司的现金持有水平，拥有财务公司的集团选派财务总监显著降低了上市公司的现金持有水平，采用ERP系统的企业集团显著降低了上市公司的现金持有水平，而上市公司现金持有水平的下降能够缓解上市公司可能存在的因自由现金流带来的代理问题。徐习兵（2013）在文献归纳和理论总结的基础上，从财务控制主体、控制客体、控制目标、控制方式及控制环境等基本要素角度出发，对企业集团财务控制绩效的影响因素以及如何提高财务控制绩效开展了深入研究。

2.3 母公司财务控制方式对上市公司债务融资影响的相关文献回顾

集团财务控制是集团风险管控的重要手段。一方面，良好的集团财务控制能够降低集团公司层面（大股东）的代理问题，减少集团公司债务融资导致的资产替代与财务困境风险，进而减少集团公司（大股东）因为陷入财务困境而对上市公司进行掏空与资金占用的行为，降低上市公司的财务困境风险。另一方面，集团财务控制通过资金集中控制、信息集中控制与全面预算管理等方式对集团内部资金进行统一调度，提高了集团内部资金使用效率，能够更好地监督上市公司筹集资金的使用效率与风险，减少上市公司利用集团声誉进行过度借贷、担保贷款等行为，降低了上市公司的财务风险。

然而，现有文献中研究母公司财务控制方式对上市公司过度负债影响的比较少见，更多研究是从母公司财务控制方式的某一方面，研究其对上市公司债务融资或者财务风险的影响。因此，本节将从财务控制的五种方式入手，分别回顾人员集中控制、资金集中控制、信息集中控制、全面预算管理与业绩评价控制对上市公司债务融资影响的相关文献。

（1）人员集中控制对上市公司债务融资的影响

人员集中控制，主要是指集团母公司控制各全资子公司的财务总监或其他财务人员的任免。财务总监委派制可以提高母公司对子公司经营决策的控制程度，促使子公司及时向母公司进行信息沟通，进而提高母公司监督的有效性（冷雪，2010；陈翊，2005）。同时，委派财务总监还能够实现母子公司间的利益协调，帮助子公司完成集团整体战略（唐萍，1999；王清和王景贵，2005）。刘志远等（2017）认为，作为企业财务资源管理的核心人员，财务总监对财务资源使用效率具有决定性作用，对其赋予或者限制一定的权力，是保证财务资源配置效率与财务风险平衡的重要手段。财务总监委派制度一方面降低了集团母公司与子公司之间的委托代理成本，进而降低了上市公司由于经理人机会主义行为导致的过度负债风险。委派财务总监通过参与上市公司董事会，进而参与投融资、经营决策，增进对上市公司经营状况的了解，能够为上市公司融资决策做出合理的指导。同时，委派财务总监与集团公司之间及时地进行信息交流和反馈，降低了上市公司过度负债的风险。另一方面，从过度负债的动态调整来看，通过委派财务总监能够降低母子公司之间的信息不对称，而信息不对称是影响集团目标资本结构调整速度的关键因素，信息不对称的降低能够减少资本结构的调整成本，进而提高过度负债的调整速度，降低过度负债风险。

（2）资金集中控制对上市公司债务融资的影响

资金集中控制是指母公司在企业集团战略目标的指引下，依靠资本纽带或契约纽带，通过控制或参与成员单位的资金经营和决策过程，达到聚集资金资源，实现资金安全与增值的管理方法（陆正飞和张会丽，2011）。目前我国企业集团使用最普遍的资金集中控制方式有现金池和财务公司形式，其中财务公司在中央企业集团中的使用频率最高，几乎全部的中央企业集团都建立了自己的财务公司。资金集中管理程度的不同带来的经济后果也会不同，当资金集中程度过低时，代理成本会上升，而集中程度过高会导致子公司丧失积极性，适度的资金集中控制能够实现资金使用效率的最大化与资金使用风险的最小化。张会丽和吴有红（2011）认为，企业破产风险与资产负债率之间存在显著的正相关关系，而资金集中控制的实施能够显著缓解企业因资产负债率过高引起财务风险升高的问题，进而降低企业过度负债水平。

Carney et al.（2011）研究表明，集团化管理降低对成员企业的资源约束，使其对外部市场竞争压力不敏感，进而更倾向采用高负债融资和非多元化投资，降低企业经营绩效。罗乾宜（2012）认为，财务控制中的资金集中控制能够发挥资金的规模效益，提高集团总体调控能力，降低子公司各自融资带来的过度负债风险。另外，资金集中控制机制能够显著提升集团资金使用效率，降低资金使用风险，降低集团对外部债务融资的依赖，进而降低母公司及其下属子公司过度负债风险。张会丽和陆正飞（2013）研究了集团财务控制对上市公司资本结构适度性的影响，结果发现母公司对集团整体的控制力越强，子公司负债占比越低，子公司负债率偏离目标负债率程度越小，资本结构的适度性越好，子公司过度负债水平越低。他们的结论凸显了企业集团母公司财务控制对提高财务决策效率的重要性，以及企业集团对资金进行集中化管理的必要性。

（3）信息集中控制对上市公司债务融资的影响

信息集中控制是指集团母公司利用信息系统对整个集团的各个方面进行全方位全过程控制。财务控制系统信息化对企业的影响主要表现为：第一，财务控制系统的信息化能改善企业投融资决策；第二，财务控制系统的信息化能够加强企业的财务监督；第三，财务控制系统的信息化能够提高企业资金使用效率；第四，财务控制系统信息化能够节约企业的人力资源；第五，财务控制系统的信息化能够带动企业管理信息化的全面实施。

信息技术作为企业的基础性设施，为企业的经营活动以及决策管理活动提供了支持，企业信息化水平会直接影响企业的经营效率与效果以及决策的效率与效果。任何财务控制方式的实施都离不开信息技术的支撑，它为其他控制方式的实施提供了平台，是发挥基础性作用的工具，因此对企业的财务决策，具体表现为资本结构决策和投资决策都具有非常重要的作用。彭赓等（2008）运用中国企业信息化500强的数据，研究发现ERP系统的使用能够显著提高企业的核心竞争力，进而提高企业的市场份额，增加内部现金流，降低外部债务融资需求与过度负债风险。陈宋生等（2012）引入ERP资源概念，他们认为影响企业竞争力与绩效的并非ERP系统，而是ERP资源。ERP资源产生于ERP系统的融合阶段，是企业已经拥有的融入其生产和效率改进方面的无形资产与相关战略措施。ERP资源能够提升企业的竞争力与企业绩效，帮助企业更好地控制财务风险，降低过度负债概率。

在我国，以中兴为代表的企业集团财务信息共享中心的建设明显缓解了企业财务控制弱化问题。企业集团财务信息共享中心的构建过程，实质上就是财务流程再造。财务共享与企业集团成员单位之间的业务形成了一个价值链，流程再造就是对该价值链进行构建的过程。这种对价值链上的财务信息实现共享能够降低母子公司之间、子公司之间的信息不对称，强化企业之间的相互监督，能够实现财务资源的优化配置和财务风险的有效管控，降低集团各公司发生财务危机的概率，也能在一定程度上避免企业集团快速扩张与发展过程中出现的“大企业病”现象（张瑞君等，2010）。

（4）全面预算管理对上市公司债务融资的影响

全面预算管理是企业集团内部全面参与、全过程监控、全方位评价的一种全新的管理控制系统。2007年，国资委颁布了《中央企业财务预算管理暂行办法》，并对中央企业集团建立全面预算管理制度、大力发展全面预算管理做出了强制性规定（邓传洲等，2008），与此同时，全面预算管理正成为国资委对中央企业进行业绩评价考核的重要管理会计工具之一。孙健等（2017）研究发现，全面预算管理的实施提升了企业绩效，降低了企业风险，并且信息系统的整合强化了全面预算管理的实施效果。罗乾宜（2017）认为，将资产负债率指标纳入全面预算管理，可以保证对企业过度负债的事前控制、事中控制与事后控制，最终降低集团及其子公司过度负债风险。汤谷良和张守文（2017）以中国兵器工业集团为案例研究对象，研究发现全面预算管理能够为企业风险管理的落实提供载体，通过对财务风险边界的控制，并将其纳入全面预算指标体系，能够显著降低集团与其子公司过度负债的水平和风险。全面预算管理为企业风险管理制度的落实提供了事前的激励与事后的评价机制，能够激励企业管理者朝着企业的战略目标努力，减少管理者大肆举债等高风险行为的发生。

（5）业绩评价控制对上市公司债务融资的影响

阎达五和耿建新（1996）认为，我国国有企业普遍存在过度负债现象，为了降低国有企业的过度负债，应该加强对国有企业负债行为的管理，严控企业债务融资审批流程，因此他们建议改变对企业管理层的考核办法，将资产负债率指标也纳入业绩评价体系中，并对管理层进行定期考核，督促其保持适度负债水平，避免企业因管理层法人意识薄弱导致其大肆举债，给企业带来财务危机风险。陆正飞和高强（2003）认为，业绩考核制度的不合理导致上市公司管理层不注重融资结构的优化问题。上市公司管理层和投资者在对企业业绩进行考察时，仅仅以税后利润指标为主要依据，而税后利润指标并未考虑股权成本，导致考核结果偏低，进而促使了中央企业大肆举债进行盲目投资扩张，而不考虑资金成本因素。为了完善国企业绩考核存在的缺陷，国资委于2009年将对中央企业的考核办法，从之前的净资产收益率（ROE）指标考核转向经济增加值（EVA）指标考核，相比于ROE，经济增加值是扣除资金成本之后的净额，这会引导企业在获取利润的同时考虑资金成本，降低过度负债的概率。沈维涛和叶晓铭（2004）研究了业绩评价指标EVA对企业负债率的影响，结果发现上一期的EVA与本期的资产负债率之间存在着显著的负相关关系，但是这种负向关系会因负债类型的不同而不同，其中长期负债的滞后期超过两年，而短期负债的滞后期约为一年。另外，EVA对负债率的影响虽然存在但影响程度不大，这表明上市公司的融资行为仍然是非完全理性的。罗乾宜（2011）认为，EVA考核制度明显提高了对企业过度负债风险的重视程度，因为EVA的提高主要是通过优化企业资本结构，对资产负债率的边界进行严格把控，对生产效率低下、负债率过高的企业实行淘汰制度。

2.4　文献述评

通过对上述文献的综合分析可以发现，有关过度负债与母公司财务控制方面的研究已经非常丰富，并且现有研究大多认为企业存在目标负债率，但是由于调整成本的存在，企业可能经常表现出偏离目标负债率的情形，只有当企业目标负债率调整收益大于调整成本时，企业才会加快向目标负债率的调整速度。而从母公司财务控制视角对其控制上市公司过度负债问题进行研究的文献并不多见，现有关于母公司财务控制的研究比较零散，无法体现出财务控制的系统性特征，而集团财务控制各种方式之间存在着相互联系、相互依赖的关系，对任何单一控制方式的研究都不能体现集团财务控制的整体效果。另外，相同的控制方式在不同企业可能存在执行方面的差异，这也会导致财务控制的效果差异，而影响财务控制方式发挥治理效果的关键因素有哪些，现有文献尚未对此进行研究。因此，本书将对母公司财务控制方式进行系统的研究，并试图找出影响每种财务控制方式的成功要素，利用过度负债这一现实背景，对集团财务控制的实施效果进行检验。以下是现有研究可能存在的不足：

第一，缺乏对过度负债的结构性分析。现有文献普遍认为我国企业存在着过度负债问题，并对过度负债的危害性产生了共识。但是，并没有研究对过度负债的结构性问题进行研究，也就是说，哪些企业存在着过度负债？不同行业、不同地区、不同所有权性质以及不同组织形式的企业，过度负债水平是否存在差异？回答这些问题对于解决过度负债问题至关重要，因为这有利于政府部门有针对性地实施“去杠杆”政策，同时也能够有效地找出企业高负债的原因，进而采取有针对性的措施。

第二，鲜有文献从财务控制视角，对企业过度负债问题进行研究。现有关于企业资本结构的研究非常丰富，但是有关企业过度负债的研究尚不多见，而从财务控制视角研究其对过度负债影响的文献更是罕见。这主要是因为相比于外部特征，有关企业内部管理控制制度设计方面的信息无法为外界所获得，但正是这些内部管理控制制度决定了企业的过度负债。过度负债是企业财务风险的重要来源，财务风险不仅会导致资金成本的上升，还会导致运营效率与投资效率的下降，更严重甚至会导致企业破产。尤其是在目前经济下行、货币政策紧缩的外部环境下，过度负债一方面降低了企业的生产运营效率，另一方面加大了企业的偿债风险。而集团财务控制的主要目标就是保证企业价值的可持续增长，价值可持续增长取决于企业财务资源配置效率的提升与财务风险的有效管控。集团财务控制可以通过人员集中控制、资金集中控制、信息集中控制、全面预算管理与业绩评价控制等控制方式，提高财务资源使用效率的同时降低财务风险。

第三，现有关于财务控制的研究主要集中在理论分析层面，经验研究尚不多见，而且有关财务控制的研究多是就财务控制的某一种方式进行研究，缺乏系统性研究。这主要是因为集团财务控制具体设置情况的信息无法为外界所获取，只能通过问卷调查的方式对其进行了解，这增加了研究的难度，降低了经验研究的可行性。但是，仅仅是对集团财务控制方式是否设置情况进行考察，不能找出财务控制关键成功因素，无法为财务控制的改进提供建议。而且财务控制目标的实现并非任何一种财务控制方式的单打独斗，而是不同财务控制方式的综合效果。因此，本书从母公司财务控制方式的设置与影响财务控制的成功因素两个方面入手，并以过度负债为切入点，对母公司财务控制进行系统全面的研究。

第 3 章

制度背景与理论基础

本章首先对国有企业过度负债形成的制度背景进行阐述，然后以权衡理论为分析核心，结合财务困境成本理论与委托代理理论，深入分析可能导致中央企业过度负债行为的内外部因素，并试图以委托代理理论为基础，阐述财务控制影响过度负债的路径与机理，进而为后文的实证研究奠定理论基础。

3.1 国有企业过度负债的制度背景

陆正飞（2008）从制度演变的视角，对国有企业过度负债的原因进行了分析。他将国有企业资本结构的发展历程分为三个时期：

第一个时期是传统计划经济时期（1949—1977年），企业资金来源的主要渠道是由国家计划统一安排的财政拨款和银行贷款，该时期中国企业的负债率并不高。

第二个时期是经济体制改革到“拨改贷”全面实施前夕（1978—1984年），由于在这一时期“拨改贷”还只是在少数省市和少数行业试行而并未全面实施，绝大多数企业还是使用着国家财政的无偿拨款。因此，“拨改贷”的试行没能导致中国企业总体负债水平的急剧攀升。在“拨改贷”之前，居民资金是通过“国家—银行—企业”或“国家—企业”的链条进行传递的，此时银行与企业之间并不存在债权债务关系，企业也不会因为经营失败而承担财务困境成本，其亏损均由国家统一核销，居民是企业经营失败的最终承担者，所以企业不存在财务困境的压力，更不存在过度负债问题。

第三个时期是“拨改贷”全面实施时期（1985年至今）。我国企业负债的大量形成，主要就是发生在这一时期。在“拨改贷”全面实施的过程中，同时进行了多种改革尝试，如承包经营责任制、股份制、商业信用等的推广。这些改革都或多或少地构成了中国企业负债形成的机制性因素。在这一阶段，导致企业负债上升的主要因素有三个：第一，“拨改贷”的全面实施，使越来越多的企业真正走上了负债经营之路。第二，更新改造贷款等长期贷款的大量使用，是我国企业负债形成过程中的又一重要方面。第三，短期负债的大量使用，是我国企业负债形成过程中的一道很有特色的风景线。

“拨改贷”之后，国有企业的增量资产主要是通过“居民—银行—企业”的链条进行交易，而居民与银行之间的交易是一种相对完备的契约关系，但是国家通常会出于政策性目标等原因对国有银行的贷款行为进行干预，使其向国有企业提供更多的贷款支持。国有企业能够预期到政府会在其出现财务困境时对其实施帮助，因此国有企业的管理者没有动机提升企业的经营效率与投资效率，而是利用银行贷款从事无效率投资，降低了资金使用效率，使得银行与企业经营不善造成的不良资产难以分清。在这种信息不对称的条件下，国家无法辨别企业发生亏损到底是因为经营不善还是承担了过多的政策性负担，而企业就会将过度负债直接转嫁给国家或者是通过银行系统将其转嫁给国家。企业和银行因负债和放贷获取了大量利益，但是国家却为其承担大额亏损，这就会进一步促使国有企业和国有银行的过度负债与过度放贷行为。另外，所有者缺位导致管理者为了追求个人利益而不顾股东和债权人等利益相关者的利益，这也是目前我国国有企业盈利能力远低于非国有企业，但是资产负债率却远高于非国有企业的一个重要原因。林毅夫和李志赟（2004）将上述这种现象称为“预算软约束”。他们认为国有企业尤其是中央企业承担着国家的政策性目标，但由于信息不对称与激励不相容，使得政策性亏损与经营亏损无法区分，最终导致政府对国企亏损进行全额补贴，造成了预算软约束，而造成预算软约束的根本原因是政府的赶超思想。政府的预算软约束使得我国存在许多大而不倒的国有企业，尤其是房地产行业，其经营效率低下，库存极高，但破产成本过高使得无法立刻对其进行清算，其生存发展完全依赖银行贷款，这进一步加剧了企业的杠杆率水平。

另外，在2007—2009年，为了应对金融危机，我国政府紧急启动了前所未有的财政和货币扩张计划，即所谓的“4万亿”财政刺激和2009年近10万亿元的新增贷款投放。这种政府直接指示银行放贷款、上项目的办法，导致该计划中的信贷资金大部分投向了国有企业，这些资金形成的新产能缺乏新需求的支撑，并形成了传统行业的产能过剩现象。而政府为了保持经济增长和就业稳定，会对这些传统行业进行政策补贴，这进一步恶化了国企的经营绩效，同时积累了大量的债务信用风险，最终导致企业的过度负债（任泽平和冯赟，2016）。

中国人民银行课题组（2017）研究发现，国有企业杠杆率远高于非国有企业是我国企业债务结构中存在的一个最显著特征。这主要是因为在我国特有的财政分权和行政集权体制下，地方政府的激励模式是以GDP增长为导向的考核体系，这促使地方政府为了提高GDP水平鼓励地方国有企业进军基础建设、房地产业与重化工业等长期投资领域，而这些行业的投资回报期很长，因此当企业自有资金无法满足其生存发展需要时，政府会通过对银行贷款进行干预的方式，使国有企业获得更多银行贷款以维持生存，最终导致国有企业的过度负债现象。

从以上制度背景分析可以看出，我国国有企业，尤其是中央企业的过度负债问题在很大程度上是由于制度环境的不完善、政府的隐形担保以及对中央企业的“预算软约束”造成的。考虑到中央企业所处行业的特殊性，大部分中央企业处于国民经济命脉行业，国家更倾向对其进行行政补贴。另外，中央企业承担了过多的政策性负担，这造成了其经营效率低下、风险管控失效等问题。伴随“走出去”战略的实施，中央企业已成为中国走向世界的窗口。因此，对中央企业的风险管控是亟待解决的一个现实问题。另外，剥离中央企业承担的社会责任，也是国资委推动央企落实供给侧结构性改革要求，实现瘦身健体、提质增效的重要途径。尽管制度的不完善造成了国有企业过度负债问题，但是国有企业自身运营效率低、风险管控不力等也是造成其过度负债的重要原因，下面将从理论层面对产生过度负债的原因进行深入分析。

3.2　权衡理论与过度负债

3.2.1　资本结构理论

Frank and Goyal（2007）将资本结构相关理论总结为四种：第一种是观点性理论。比如权衡理论、优序融资理论，它们并不能完全解释企业的负债融资，但是能够为负债融资行为提供部分解释。权衡理论就是一种观点性理论，它是在特定的前提条件下，通过模型对特定的观点进行解释。第二种是解释性理论。这种理论尽可能保持与实践的一致性，但这种理论建立在严格的假设基础上。第三种是综合性理论模型。这种理论模型试图将许多可观察的影响变量综合在一个模型中，并试图对特定现象进行解释。第四种是描述性理论。这种理论的目的主要是通过对现有理论进行综合描述，以提供政策建议。

资本结构理论的发展主要经历了以下三个阶段：

第一阶段，早期资本结构理论（1958年前）。该阶段的资本结构理论主要包括净收益理论、净经营收益理论和传统折衷理论。其中，传统折衷理论认为，企业存在最优负债率，并假设：（1）负债的资金成本（kd）与资本的资金成本（ks）都会随着负债率（D/V，V=S+D）的提高而上升；（2）在一定的负债率范围内，kd、ks的上升并不显著，但超过一定的范围之后，由于债权人和业主都会感到风险的增加，从而业主会要求更高的报酬率，债权人也会要求更高的利率，此时kd、ks都会显著上升。根据以上假设可以得出：（1）当D/V=0时，加权平均资本成本（WACC）=ks，达到最大，从而公司价值（V=EBIT/WACC）最小；（2）当$0<D/V<K$时，由于kd权重的增加，就使得WACC逐渐下降，从而V逐渐上升；（3）当D/V超过一定的水平之后，kd、ks显著上升，导致WACC上升，V下降。

传统折衷理论初步提出了企业适度负债的观点，但是它是凭经验而非严密的数学推导得出的，因此，这一理论难以令人信服，之后的理论对其进行了完善。

第二阶段，经典资本结构理论（1958—1970年）。该阶段出现了迄今为止影响最大的资本结构理论。Modigliani and Miller（1958）运用套利（Arbitrage）方法证明和解释了资本结构的无关性。Modigliani and Miller（1958）发现，对之前的MM理论进行了修订，修订后的MM理论对税收的考虑过于简化，这促使了税差学派的形成。破产成本学派主要是从利用财务杠杆所导致的破产成本出发来研究资本结构问题。随着这个学派的发展，逐渐发展出清偿成本和财务困境成本等旁支。

第三阶段，现代资本结构理论（20世纪70年代末至今）。该阶段资本结构理论区别于经典资本结构理论的突出特点是引入了信息经济学中有关不对称信息的分析框架。代理成本理论的代表性文献主要有：Jensen and Meckling（1976）将资本结构问题转换为所有权结构问题，并引入了包括监督成本、约束成本和剩余损失在内的代理成本概念，他们认为当企业代理成本最小时，对应的债务权益比率为企业最优资本结构水平。财务契约理论的主要代表Smith and Warner（1979）认为，可以通过将债权人与股东之间的权利义务写进财务契约的方式降低两者之间的利益冲突，进而实现企业总体价值的提升。优序融资理论（Pecking Order）指出融资成本的差异是影响企业融资决策的重要因素，企业会根据融资成本的大小选择不同的融资渠道。市场择时理论认为，企业会在股票收益被市场高估的时候发行股票。

通过以上分析可以发现，在早期的资本结构理论中就已经提出了企业应该适度负债的思想，只是这一思想没有经过严格的论证。经典资本结构理论中的权衡理论证明并指出企业最优资本结构出现在边际税盾收益等于边际破产成本那一点对应的负债水平上。现代资本结构理论进一步引入了代理成本概念后，提出企业代理成本最低点对应的负债率为最优负债率。总之，有关企业存在最优负债率以及应该适度负债的观点早已得到学术界的认可，其中权衡理论是资本结构理论中得到普遍认可的理论，本章将以权衡理论为基础，对过度负债的存在性进行分析。

3.2.2　权衡理论

最原始的权衡理论来自对MM理论的质疑。当将税收纳入MM模型的时候，可以推测企业将会100%负债，充分利用企业的负债优势。Kraus and Litzenberger（1973）提出的经典解释认为，目标负债率是企业综合权衡的结果，是对负债带来的税盾收益与负债带来的破产成本进行权衡决定的。Myers（1984）进一步提出企业存在着目标负债率，并不断向目标负债率移动。目标负债率取决于企业的税盾收益与破产成本的权衡。但是，目标负债率无法观测到，而且不同的税法制度对税盾收益的影响差异很大，导致目标负债率差异较大。再者，破产成本到底是固定的还是变化的，比如企业律师费用、企业声誉损失等都会影响目标负债率的计算。最后，交易成本必须采用一定的形式进行分析。因此，Frank and Goyal（2007）将权衡理论分为两个部分：静态权衡理论与动态权衡理论。静态权衡理论是指企业的负债是由税盾收益与破产成本权衡决定的；动态权衡理论是指企业存在目标负债率，但由于交易成本与市场摩擦的存在，企业通常表现出对目标资产负债率的偏离，但企业在经营过程中会随着时间推移而逐渐向目标负债率调整。

（1）静态权衡理论

Bradley et al.（1984）提出了静态权衡模型。静态权衡模型没有对资本结构的调整行为进行说明，而且静态模型只是建立在经营周期为一期的假设基础上，只要有盈余，企业就会经营一期以上，因此称为静态模型。该模型证明了资本结构的存在性，而对于企业目标资本结构的形成、变化与调整行为，在静态模型中并未涉及。静态权衡理论的证明过程如下：

假设τ_c为企业所得税税率，τ_{pb}为企业投资者债券收益税率，τ_{ps}为企业股权投资者股票收益税率，X为企业息税前价值，κ为企业无法支付债务及其利息的概率，B为承诺支付给债权人的价值，Φ为完全利用债务税盾取得的收益，γ_f为企业无风险利率，f（X）为X的概率密度函数，F（·）为累积分布函数。表3-1是根据企业盈余状态确定的股东与债权人的收益情况。其中，X代表企业的总盈余。当企业盈余为负时，债权人和股东都无法获得收益。当企业盈余为正但是无法完全支付债务时，股东将无法获得收益，债权人将接管企业。在破产过程中将需要花费κX破产费用。当企业的盈余足够支付债权人与股东时，还涉及盈余是否低到非债务税盾可以完全抵扣企业的所得税。因此表3-1中最后一行代表的是企业的税收效应。当企业非债务税盾正好可以抵扣企业所得税时，股东将不用缴税，获得X-B，此时，$X-B=X-B-\tau_c(X-B)+\Phi$，对该式化简后可得$X=B+\Phi/\tau_c$。

表3-1 **股权债权收益关系**

企业价值	状态	债务	股权	税收	亏损
X	$X<0$	0	0	0	0
X	$0<X<B$	$X(1-\kappa)$	0	0	κX
X	$B<X<B+\Phi/\tau_c$	B	X-B	0	0
X	$X>B+\Phi/\tau_c$	B	$X-B-\tau_c(X-B)+\Phi$	$\tau_c(X-B)-\Phi$	0

企业债权的市场价值为不同状态下债权人收益的总和：

$$VB=\frac{1-\tau_{pb}}{1+\gamma_f}\left[\int_B^{\infty}Bf(x)\,dx+\int_0^B X(1-k)f(x)\,dx\right] \tag{3-1}$$

股东的市场价值为不同盈余状态下企业股东价值的总和：

$$VS=\frac{1-\tau_{ps}}{1+\gamma_f}\left[\int_{B+\Phi/\tau_c}^{\infty}\left[(X-B)(1-\tau_c)+\Phi\right]f(x)\,dx+\int_B^{B+\Phi/\tau_c}(X-B)f(x)\,dx\right] \tag{3-2}$$

企业总价值为$V=V_S+V_B$，从上式可以看出，企业负债率的选择取决于企业价值V，具体可以通过V对B求积分得出企业目标负债率，即$\partial V/\partial B=0$时的负债水平即为企业的最优负债率水平。

$$\partial V/\partial B\frac{1-\tau_{pb}}{1+\gamma_f}\left\{(1-F(B))\left[1-\frac{(1-\tau_c)(1-\tau_{ps})}{1-\tau_{pb}}\right]-\frac{\tau_c(1-\tau_{ps})}{1-\tau_{pb}}\left[F(B+\Phi\tau_c)-F(B)\right]-\kappa BF(B)\right\} \tag{3-3}$$

（3-3）式中第一项代表企业债务的净税盾收益，第二项代表企业由于盈余无法完全利用税盾收益而浪费的税盾收益，第三项代表企业财务困境成本。企业需要在债务的税盾收益与债务导致的破产成本之间进行权衡。静态权衡理论最重要的两点贡献是：说明了企业盈余的重要性，以及对资产负债率的均值回复（路径依赖）现象进行了解释。

（2）动态权衡理论

静态权衡理论假设企业经营周期为一期，并且没有对企业资本结构调整行为进行解释说明。于是，考虑到资本结构的变化，动态权衡理论引入了资本结构动态调整思想，将公司资本结构决策描述为一个随内外部环境不断优化的过程，并呈现出围绕目标资本结构不断偏离、趋近、再偏离、再趋近的循环调整状态。

企业取得的盈余，一种方案是发放股利给股东，等企业需要资金的时候再进行融资，但这时股东需要承担一部分的股利税。另一种方案是企业将盈余留存，作为公司的股权，而不是发放，这样可以节省股利税。这两种方案都会对企业的资本结构产生影响。这两种方案说明税收是影响企业资本结构的重要因素。这些都是动态权衡理论考虑的问题，动态权衡理论为企业进行经营融资提供了更加合理的解释。

Kane et al.（1984）和 Brennan and Schwartz（1984）首次从动态视角对税盾收益与破产成本进行考虑。他们考虑了企业破产成本、债务税盾收益等，但并未考虑交易成本，这使得估计的资产负债率高于观察到的实际负债率。Fischer et al.（1989）将交易成本引入动态资本结构模型中。由于交易成本的存在，企业允许其资本结构在目标资本结构周围波动。为了更好地理解动态资本结构模型，根据各种理论的假设对这些文献进行梳理是必要的。Modigliani and Miller（1958）和 Kraus and Litzenberger（1973）将企业现金流视为外生变量，许多学者沿袭了他们的假设，将企业现金流视为外生变量，比如 Kane et al.（1984）、Fischer et al.（1989）、Goldstein et al.（2001）和 Strebulaev（2007）。然而，企业的投资与现金流可能取决于企业如何进行融资。因此，一些学者将投资与融资纳入了统一框架进行讨论，比如 Brennan and Schwartz（1984）、Mello and Parsons（1992）、Mauer and Triantis（1994）、Titman and Tsyplakov（2007）、Hennessy and Whited（2005）。当利润是随机的且与负债无关，那么如何处理企业剩余现金流将是关键。现有文献并未赋予企业分配现金流的选择权。Brennan and Schwartz（1984）、Titman and Tsyplakov（2007）假设企业将所有现金流都支付给股东，这无法对企业盈余留存行为进行解释，Stiglitz（1973）、Hennessy and Whited（2005）对企业的盈余留存行为进行了分析。

动态权衡理论同样可以考虑下一期负债的期权价值，Goldstein et al.（2001）发现，企业本期较低的负债可以为下期更多的负债融资打基础。Strebulaev（2007）认为，如果企业只能在一定时期进行融资，那么由于交易成本的存在，企业的资本结构会偏离目标资本结构，在他的模型中，企业负债对短期股权波动的敏感性较低，但是对企业长期价值变化较为敏感。Hennessy and Whited（2005）将企业投资与融资进行综合分析后发现，企业最优资本结构存在路径依赖，而且盈利性好的企业负债更低。Tserlukevich（2006）在考虑了现实摩擦之后，发现企业股权价值会在股价上升时增加，由于市场摩擦的存在，投资会延迟，导致负债下降。出于税收的考虑，企业会在投资的时候选择负债融资。企业当前的资本结构水平取决于其对未来资本结构水平的预期，进而决定下一期是发放股利还是筹集资金。企业的回报率与投资者的回报率对于资本结构的决策具有重要影响。企业对股东的支付会产生税收，但股东对企业的支付并不会产生税收。这种不对称看似很普通，但是在动态模型中都进行了充分的考虑。

动态权衡理论提出了资本结构的均值回复（路径依赖）行为，将企业经营周期延长至一期以上，企业的投资、股利分配都会影响企业下一期的融资决策。另外，企业本期的资本结构更多取决于本期对下一期目标资本结构的预期，进而决定了企业下一期是发放股利还是重新筹集资金。动态权衡理论认为，由于交易成本的存在，企业并不会总是保持目标资本结构水平，而是在目标资本结构周围上下波动。另外，动态权衡理论将企业的投资与目标资本结构（融资）放在了统一的研究框架中进行分析。

3.2.3 权衡理论对过度负债的影响

动态权衡理论的提出引起了学术界对企业资本结构调整行为的关注，并形成了大量有关资本结构动态调整的文献，但是对企业过度负债现象的关注却严重不足，而过度负债是导致企业陷入财务困境的首要因素，过度负债的发生不仅会提高企业的财务危机风险，还会降低企业的经营效率。因此，对过度负债以及过度负债的动态变化进行关注是必要且重要的，动态权衡理论为过度负债的研究提供了理论支持，根据动态权衡理论可以得出三点结论：第一，企业存在目标负债率；第二，企业通常存在偏离目标负债率的现象，即过度负债或负债不足；第三，企业会根据资本结构调整成本和调整收益的权衡结果决定是否对实际资本结构进行调整。因此，权衡理论为过度负债的存在性以及动态变化提供了理论支持。同时，权衡理论也说明了企业在何种情况下才会进行资本结构的调整，这为过度负债的动态分析提供了理论基础。此外，现有研究认为，过度负债是导致企业财务困境的最直接原因。因此，接下来将进一步结合财务困境成本理论对过度负债的危害性进行说明。

3.3 财务困境成本理论与过度负债

3.3.1 财务困境成本理论

有关财务困境的定义，现有研究存在着不同观点。总体来看，财务困境是指企业无法清偿到期债务或费用，而面临流动性不足、权益不足、流动资金不足或者债务拖欠等问题的经济现象。大多数企业都会在经历财务困境之后走向破产，但也有些企业可能不经历财务困境而直接走向破产，还有一些企业尽管陷入了财务困境，但最终却没有破产（吕长江和韩慧博，2004）。

有关企业财务困境成本的研究可以归纳为财务困境成本的存在性问题与财务困境成本的计量问题两个方面，而前者是后者的基础与前提。Altman（1984）首次计算了财务困境的间接成本，他发现：企业破产成本平均达到了企业价值总额的11%~17%。尽管Altman的计算方法相比之前的研究更加全面，但他仍然没有阐述清楚Baxter（1967）指出的销售和盈利的下降与财务困境之间可能存在的因果关系。Asquith et al.（1994）、Gilson（1997）、Hotchkiss（1995）、LoPucki and Whitford（1993）和Shleifer and Vishny（1992）均发现了财务困境成本存在的间接证据。他们研究的样本大部分存在可持续经营问题，因此其结果就存在不确定性，即其结果到底是财务困境导致的还是企业经营效率下降导致的，或者是两者兼有不得而知。为了降低这种影响，Opler and Titman（1994）按照是否处于经济困境行业，分别研究杠杆率对企业业绩的影响，结果发现，高杠杆确实降低了企业绩效，即存在财务困境成本。

（1）有关财务困境成本的分类

有关财务困境成本的分类主要包括三种：第一种，直接财务困境成本与间接财务困境成本。直接财务困境成本是企业破产时实际支付的成本，比如支付的律师费用、破产费用、诉讼费用等。间接财务困境成本是指由于企业陷入财务困境导致其经营效率下降、市场份额下降以及管理层短视行为给企业带来的价值损失而产生的成本。第二种，事前财务困境成本与事后财务困境成本（White，1983；Kalaba et al.，1984）。这种分类方法主要是根据企业发生财务困境的时间点进行分类的，事前财务困境（exante）成本是指提交破产申请之前的成本，具体包括企业管理者因财务困境而做出的损害企业价值的决策等；事后财务困境（expost）成本是指提交破产申请之后的成本，例如破产过程的交易成本等。第三种，Barnch四分类法，即财务困境企业承担的实际成本、财务困境企业的权益求偿人（而非企业自身）承担的实际成本、财务困境企业的损失（与竞争对手的获益相抵销）、其他社会主体承担的实际成本。其中第一种分类方法较为常见且得到了普遍认可。Warner（1977）明确指出相关文献中提到的财务困境成本有直接成本和间接成本之分。

（2）财务困境成本的计量

相比间接财务困境成本，直接财务困境成本的计量方法简单、明确，因此现有研究更多地关注如何对财务困境间接成本进行度量，其中最有影响力的当属Altman（1984）的研究。Altman（1984）以1970—1978年破产的12家零售企业和7家工业企业为研究对象，通过对案例企业破产前3年实际利润与期望利润之间的差额度量企业财务困境间接成本。另外，为了将上述财务困境成本转换为现值，将其按无风险利率进行折现，然后乘以破产概率后得出企业财务困境成本的现值。之后的学者大多沿袭了Altman对财务困境成本的计量方法。

（3）有关财务困境成本的经验证据

有关财务困境成本存在的经验证据的研究主要集中在影响因素与经济后果两个方面。Jensen（1991）认为，外部管制，比如商业银行限制贷款、对特定行业投资的限制不仅导致企业无法购置资产，还降低了过度负债企业偿还债务的能力。Shleifer and Vishny（1992）发现，在经济衰退期间，资产的流动性下降，这也会影响企业的负债能力。Gilson（1997）研究了财务困境解决方式对企业财务困境成本的影响，结果发现庭外和解企业比申请破产重整企业面临更高的财务困境成本，这主要是因为：首先，债权人对于企业破产重组的申请具有有限权力，破产重组只需要少数债权人通过即可，而且法官可以拒绝对过度负债企业进行破产重组；其次，机构债权人没有对进入破产重组企业要求偿还的权力；再者，税收惩罚相对较弱，强制性信息披露降低了内外部之间的信息不对称；最后，债务破产重组降低了资产买方的风险进而鼓励更多的收购者。

有关财务困境经济后果的研究大多集中在研究财务困境对企业绩效和价值的影响。Opler and Titman（1994）发现财务困境显著降低了企业的收入，他们将收入下降的原因归结为三个方面：第一，客户驱动。由于客户会对企业持续经营产生疑虑，进而导致其选择其他商家的产品，导致企业市场份额下降，盈利受损。第二，竞争者驱动。竞争对手利用这段时间采取进攻性营销和定价策略，比如竞争对手采取低价策略或者是从财务困境企业中挖人，造成财务困境企业市场份额下降与人才流失。第三，管理者驱动型。管理者采取收缩战略所引起的，财务困境企业被迫低价出售资产以偿还债务，为了保持流动性而削减研发支出与培训支出，收紧信用政策、降低存货水平，最终使得企业持续经营价值受损。Opler and Titman（1994）利用行业财务困境度量企业陷入财务困境的可能性，从客户、投资者与管理者的角度，研究这三种因素对企业市场份额、股票回报率以及经营利润的影响。结果发现过度负债是造成企业上述指标下降的重要原因，而且这种效应在研发支出高、行业集中度高的行业中表现得更加显著。这说明过度负债降低了企业的研发支出，另外，出于节约成本的考虑，过度负债企业更有可能削减员工、降低投资等。Denis（1995）研究发现，相比非财务困境企业，财务困境企业的总资产周转率显著为负，说明财务困境不仅影响了企业的财务状况，还降低了企业的运营效率。另外，财务困境降低了企业股票回报率，财务困境企业出售资产行为被市场理解为坏消息，进一步降低了财务困境企业出售资产偿还债务的意愿，进而增加了财务困境成本。

吕长江和韩慧博（2004）研究发现，我国上市公司的间接财务困境成本显著为正，5年累计占企业总价值的25%～36.5%。与Altman的结果相比，我国上市公司的间接财务困境成本比更高，且负债率越高的企业，在困境期内将损失更大的市场份额和利润。章之旺和吴世农（2006）通过对财务困境相关的理论与实证研究进行梳理后建议，对财务困境影响因素的研究可以拓展至企业的治理结构、股权结构等方面。另外，财务困境成本的重要性使得构建财务困境成本指数，并基于该指数考察财务困境成本对公司财务政策的影响，以及财务困境成本在债务违约预测模型中的信息含量更具有现实意义。

3.3.2 财务困境成本理论对过度负债的影响

财务困境成本的存在使得对过度负债的治理显得必要且迫切。尤其是中央企业，由于政府的隐性担保和预算软约束的存在，使得许多中央企业大肆举债进行规模扩张，却忽视了过度负债风险，最终陷入财务困境，而且中央企业大多处于国民经济命脉行业中，是中国经济的脊梁，中央企业一旦出现财务困境将会对国家经济产生重要影响，严重时甚至可能造成经济危机。另外，财务困境的出现降低了企业的贷款能力与再投资能力。财务困境增加了客户对企业持续经营的担忧，进而降低了企业的经营绩效，经营绩效下降导致的内部现金流不足会进一步恶化企业的财务状况，而严控过度负债是避免企业陷入财务困境的最直接有效方法。因此，治理过度负债是一项紧迫且关键的任务。

3.4 委托代理理论与过度负债

3.4.1 委托代理理论

（1）委托代理理论的含义

Berle and Means（1932）首先指出，所有权与经营权的分离导致所有者（股东）与代理人（经理）的利益不一致。具体来看，所有者的责任是为企业提供经营所需资金，保证企业正常的生产经营并承担一定的风险，所有者的权利是取得投资收益。经理的责任是对企业的生产经营进行决策，经理的权利是按照事前签订的薪酬契约取得预期收益。Ross（1973）

正式提出了委托代理概念，并将委托代理定义为：代理人接受委托人的委托行使决策权，以及由此产生的委托代理问题。Jensen and Meckling（1976）将委托代理定义为：一位或几位委托人雇用并授权另一位代理人，代理行使特定行为的契约关系。但是，经理努力经营的成果由股东分享，而成本却由经理单独承担，这势必导致经理的决策偏离股东价值最大化目标，进而产生了委托代理成本。他们将委托代理成本分为三部分：第一，监督成本，即委托人为了保证投资资金的安全而付出的成本，具体包括计量、观察和报告代理人行为的成本。第二，激励成本，具体包括给予代理人的报酬，如股票期权等。第三，剩余损失，具体包括代理人行为偏离委托人行为时发生的损失。从出资人的角度来讲，委托代理成本可以分为股权代理成本和债权代理成本。其中股权代理成本主要包括以上三个方面，债权代理成本是指债权人对代理人的经营决策进行影响而产生的额外成本和破产费用。

（2）委托代理理论的假设

委托代理理论的假设主要有三个：第一，信息不对称和利益冲突；第二，契约的可验证性；第三，契约的约束与激励相容原则。信息不对称与利益冲突是代理成本产生的根源，当委托人与代理人之间存在信息不对称时，才会出现代理人的道德风险和逆向选择行为，当代理人与委托人之间存在利益冲突时，代理人才会出现为了追求个人利益而损害企业股东利益的行为，这是委托代理的基础条件。而契约的可验证性是为了说明委托代理问题的可解决性，正是委托人与代理人之间的信息不对称，为代理人的机会主义行为提供了可能，而利益冲突为代理人偏离委托人目标追求个人私利提供了机会。由于信息不对称，股东无法直接观测到经理人的努力程度，无法给出与代理人努力程度相当的薪酬水平，因此，委托人通过一系列有效的契约对经理人的行为进行监督和约束，以降低两者之间的代理成本。契约的约束和激励相容表明委托人可以通过在契约中制定严格的权利义务条款，并让经理人严格执行契约中规定的权利，不干预代理人的经营决策，同时对代理人的行为给予必要的激励与奖励，保证代理人按照委托人的目标进行决策。

（3）委托代理理论的特征

委托代理理论的特征主要包括以下三个方面：

第一，委托人与代理人之间目标的不一致性。由于委托人与代理人有其各自的目标函数，导致两者的目标可能存在差异，造成利益冲突。契约的委托方会从自身利益出发，根据自身目标函数最大化的原则进行决策。为了实现股东价值最大化，委托人会要求代理人在努力提高收入的同时降低企业的成本费用，更多地从事价值投资，甚至在一定的风险水平下进行价值投资，最终实现股东价值最大化。契约关系的代理方，同样会从自身利益最大化目标出发，选择自身的努力程度与风险水平。对于代理人来讲，其努力经营的成果由股东分享，而成本却由代理人单独承担，这势必导致经理的决策偏离股东价值最大化目标。相对于委托人来讲，代理人为“风险规避者”，他们存在着资产专用性问题，代理人不能像委托人那样通过多元化股权投资降低投资风险，代理人进行风险投资一旦失败将会面临失业。因此代理人会选择风险低但稳健的投资项目进行投资，或者为了追求自身利益而进行“公司帝国”的构建与在职消费。这可能导致代理人利用借款进行非价值创造行为，进而降低企业经营效率，减少企业内部现金流，最终导致企业因过度负债而陷入财务困境。

第二，委托代理双方契约的不完备性。从经济学角度来看，企业是不同经济主体之间组成的契约联结，这些契约的重要内容就是对剩余索取权与剩余控制权的分配，具体包括索取权人之间的基本关系、利益冲突及其治理机制。契约主要包括显性契约与隐性契约，其中显性契约是一种较为正式的契约关系，委托代理双方通过书面合同的方式明确记载双方的权利与义务，显性契约的最大特征是具有法律效力；隐性契约是按照约定俗成的规定来确定双方的权利和义务，而不需要采用正式书面合同形式确定的一种非正式契约，其效力远低于显性契约。

但现实中，由于未来的不确定性以及契约签订成本的存在，使得契约中不可能将所有关于代理人的行为都写入，这就造成了契约的不完备性。契约之所以具有不完备性是因为：首先，契约的复杂性。在现实中，契约内容会受到许多因素的影响，委托人不可能对所有影响企业价值的因素写入契约中，并且契约的签订需要成本，因此试图将所有情况写入契约中的行为不符合成本效益原则。其次，环境的不确定性。由于环境的不断变化，委托人不可能对未来所有的情况进行合理预期，因此保持合约的弹性，以适应未来环境的变化是必要的。最后，委托代理双方的信息不对称，委托人无法对代理人的所有行为进行准确了解，因此在制定契约的过程中无法将所有关于代理人的行为写入契约中，进而导致了契约的不完备性。

第三，委托人与代理人之间的信息不对称。委托人与代理人之间的信息不对称分为事前信息不对称与事后信息不对称两种情况。在契约签订之前，委托人无法获知有关代理人的全部信息，因此，在制定契约时无法将有关代理人的全部信息考虑进来，进而可能导致逆向选择行为。在签订契约之后，委托人无法对代理人的全部行为进行监督了解，有关代理人是否按照委托人的意愿努力工作，委托人限于时间与精力，无法获知全部相关信息，进而导致了事后的道德风险。信息不对称是委托代理成本存在的前提之一。

3.4.2　委托代理理论对过度负债的影响

在企业集团中，存在着两层委托代理问题。第一层是母公司与子公司之间的代理问题，这种由于信息不对称和利益冲突产生的委托代理问题使得子公司经理可能为了追求自身利益而做出损害集团整体利益的行为。比如，子公司利用集团声誉进行大肆举债、大规模扩张、低效率投资行为，进而满足其对“公司帝国”的追求。现有研究发现，我国许多国有企业集团子公司利用集团声誉进行大规模借款，并使用借款资金从事影子银行业务，这不仅加大了集团的财务风险，还加剧了银行的风险，最终可能引发经济风险。第二层是母公司经理与母公司大股东之间的代理问题，可能使得母公司经理利用手中权力对集团资源进行非效率配置。现有研究发现，子公司经理与母公司经理之间的私人关系会显著影响母公司经理的资源配置决策，母公司经理会对与其关系密切的子公司进行更多的资源配置，但是这种资源配置是低效率的。另外，母公司经理还可能利用手中权力，要求上市公司对内部现金流不足、经营效率低下、财务风险较高的子公司进行补贴，这进一步加重了上市公司的债务负担，同时还增加了上市公司的财务风险，加剧了上市公司过度负债风险。

3.5 母公司财务控制对上市公司过度负债影响的理论分析

根据委托代理理论，母子公司之间是一种基于资产经营责任的委托代理关系，而母子公司的相对独立性使其利益并不总是一致的。信息不对称的存在使得委托人很难获取有关代理人的全部信息，这就会产生代理人的逆向选择和道德风险问题。为了确保母公司对子公司投资的保值增值，必须对子公司的生产经营以及投融资活动进行控制，而这种控制主要体现为母公司对子公司进行适当的财权配置以及日常经营管理活动的监督，而财务控制正是在委托代理理论的指引下，由母公司及其董事会设计的，以企业财务资源（人/资金）为控制对象，借助具体财务控制方式，实现财务资源的优化配置与财务风险的有效管控。财务控制的基本功能就是降低信息不对称、财务契约的不完备性以及财务责任的不对等性。财务控制对过度负债的影响可以体现为以下三个方面：

第一，财务控制可以降低母子公司间利益冲突引发的过度负债行为。目前，中国经理人市场尚不完善，有关管理者的有效约束激励机制尚未普遍建立。在机会主义动机下，管理者可能为了追求私人利益，向银行进行大规模借款，进而满足私人利益。此外，在我国，企业取得银行贷款通常都需要经历严格的审核与批准，相比融资困难的企业，过度负债企业获得银行贷款的能力更强，因此，过度负债企业的管理层拥有对其获取银行贷款能力的良好预期，甚至可能存在对其借贷能力的过度自信心理。管理者通常掌握着更多资源的控制权与经营自主权，他们更容易为了追求私人利益而进行过度负债。财务控制可以通过以下控制方式实现对上市公司过度负债的治理：首先，人员控制，通过向上市公司委派财务总监，并让委派的财务总监进入上市公司董事会，由于委派的财务总监通常具有集团工作经验，其对集团投融资政策的了解程度更高，更能够执行集团战略与文化。这会影响其对上市公司融资决策的评估，保证子公司严格执行集团的融资计划，严控子公司的债务融资边界。同时，委派财务总监是母子公司之间沟通的桥梁，这种沟通能够发挥利益协调功能，降低子公司经理的道德风险和逆向选择。其次，资金集中控制，通过资金集中控制提高资金在整个集团内部的配置效率，发挥资金集中的“规模效应”和“活钱效应”，降低子公司对外部债务融资的依赖。资金集中控制还能够对财务风险进行统一管控，进而弥补子公司对财务风险的关注不足。最后，业绩评价控制。合理的业绩评价指标是实施有效激励的前提，2009年国资委改用EVA指标对中央企业集团进行业绩评价，同时要求中央企业内部采用EVA评价指标，EVA评价指标能够引导企业管理层注重资金成本与资金风险，促使管理层重视对财务风险的管控，这一评价指标的实施为上市公司管理层严控财务风险提供了激励机制。

第二，财务控制可以降低母子公司间的信息不对称，提高过度负债调整速度，避免过度负债的进一步恶化。母子公司之间信息不对称为子公司管理者利用过度负债从事机会主义行为提供了便利。而财务控制可以通过信息集中控制，比如建立财务信息共享中心，促使集团不同层面的信息流、实物流与资金流的循环流动，实现不同层级公司之间的相互监督，降低集团内部不同公司之间的信息不对称，加强内部监督，避免母公司管理层机会主义行为带来的不良后果。另外，母公司还可以通过全面预算控制，建立预算指标预警机制，并将资产负债率纳入预算指标体系。当上市公司的负债即将超过规定的预算警戒线时，集团公司可以要求上市公司及时做出调整，提高上市公司过度负债的调整速度，降低过度负债带来的财务困境成本。Shleifer and Vishny（1992）发现，相比过度负债企业，负债不足企业可以以更低的价格获得供应商的商品、银行的贷款，这是因为过度负债加剧了管理层与外部利益相关者之间的信息不对称，进而引发利益相关者对过度负债企业的担忧。纳鹏杰等（2017）发现，集团公司下属单位之间具有债务传染效应，这种传染效应最终会导致集团整体财务困境，甚至破产，集团财务控制能够帮助母公司及时有效地了解有关下属单位的借款信息，进而对各单位的负债水平进行控制，避免整体财务风险的发生。

第三，财务控制可以降低过度负债企业的财务困境成本。Altman（1984）认为，财务困境的间接成本并不仅仅存在于财务困境企业中，还存在于那些财务困境风险高的企业中，即使它们之后并没有陷入财务困境，过度负债给它们的交易、借款等带来的成本也构成了财务困境间接成本的组成部分。因为对过度负债企业贷款的监督，经营管理的监督、沟通与协调导致的代理成本比债务带来的税盾收益更高，所以过度负债企业也需要承担财务困境相关的间接成本。供应商可能不愿意给过度负债企业提供货物，或者是以更高的价格出售货物等，这些都构成了过度负债企业的间接财务困境成本。财务控制还可以通过资金集中控制方式，发挥资金的“共同担保”效应，这样能够降低外部利益相关者对上市公司持续经营的担忧，同时能够提高上市公司的再融资能力。例如，由于成长型企业往往面临着自身现金流不足以支持投资需求的问题，对这类上市公司，母公司可以提供一定的资金支持，降低其过度负债水平与财务困境成本。

3.6 本章小结

本章主要对我国中央企业过度负债产生的制度背景以及母公司财务控制与过度负债的理论基础进行了详细阐述。按照“过度负债产生的制度背景—过度负债存在的经验证据—过度负债的经济后果—财务控制如何影响过度负债”的逻辑思路对本书的理论基础进行了梳理。

首先，政府对中央企业的行政干预以及“预算软约束”，导致了中央企业的过度负债与国有银行对中央企业的大规模放贷，而中央企业所有者缺位、债权人监督不力进一步恶化了中央企业的过度负债，这为中央企业的过度负债提供了现实背景。

其次，适度负债理论为企业存在最优负债率，以及任何偏离最优负债率的行为都会损害企业价值提供了最初的理论解释；静态权衡理论采用理论分析与实证检验相结合的方法对企业最优负债率的存在性进行了验证；动态权衡理论不仅得出了企业最优负债率，还从动态视角对企业资产负债率的调整速度进行了估算。但现实中，由于交易成本与市场摩擦的存在，企业往往做出偏离目标资产负债率的行为，即表现为过度负债或负债不足，只有当资产负债率的调整收益高于调整成本时，企业才会对资产负债率进行调整。考虑到过度负债的定义与度量取决于目标负债率的定义与度量，因此，权衡理论为过度负债的存在与度量提供了理论基础。

再者，财务困境成本理论认为，过度负债是导致企业陷入财务困境的首要原因，财务困境成本不仅仅存在于财务困境企业，过度负债企业同样承担财务困境的间接成本，比如，高负债企业面临更严格的监督与管制、更高的贷款利息、更高的供应商价格、更少的客户群体等，这些都是过度负债企业面临的成本（Altman，1984；Opler and Titman，1994）。现有研究发现，过度负债企业的销售收入更低（客户驱动型），因为顾客对过度负债企业的持续经营持怀疑态度，尤其是耐用品企业，售后服务对于顾客来讲是非常关键的，但是过度负债可能引起的顾虑降低了客户的购买意愿。过度负债导致企业的市场份额下降，过度负债企业的财务状况更加脆弱，外部竞争者为了争夺客户会实施低价竞争策略，但是过度负债企业无法承担如此低的价格，因此最终会被竞争对手驱逐出市场。过度负债企业的股票异常回报率显著为负，过度负债增加了企业与外部投资者之间的信息不对称，投资者会对过度负债企业的股票发行或者是借债行为表现出负面反应，这降低了企业再融资能力，并进一步降低了其还款能力，最终导致企业债务违约风险的提高。

最后，委托代理理论从母子公司的委托代理关系视角出发，对子公司过度负债的产生提供了解释，而正是因为这种委托代理问题的存在，使得母公司财务控制成为必要。财务控制产生的一个重要原因就是为了解决母子公司之间的委托代理问题。财务控制也正是通过降低母子公司之间的委托代理问题，进而为过度负债的解决提供了具体路径。

综上所述，本书提炼出以下财务控制影响过度负债的理论框架图（如图3-1所示），并在之后的实证章节围绕财务控制不同方式对过度负债的影响路径进行大样本检验。

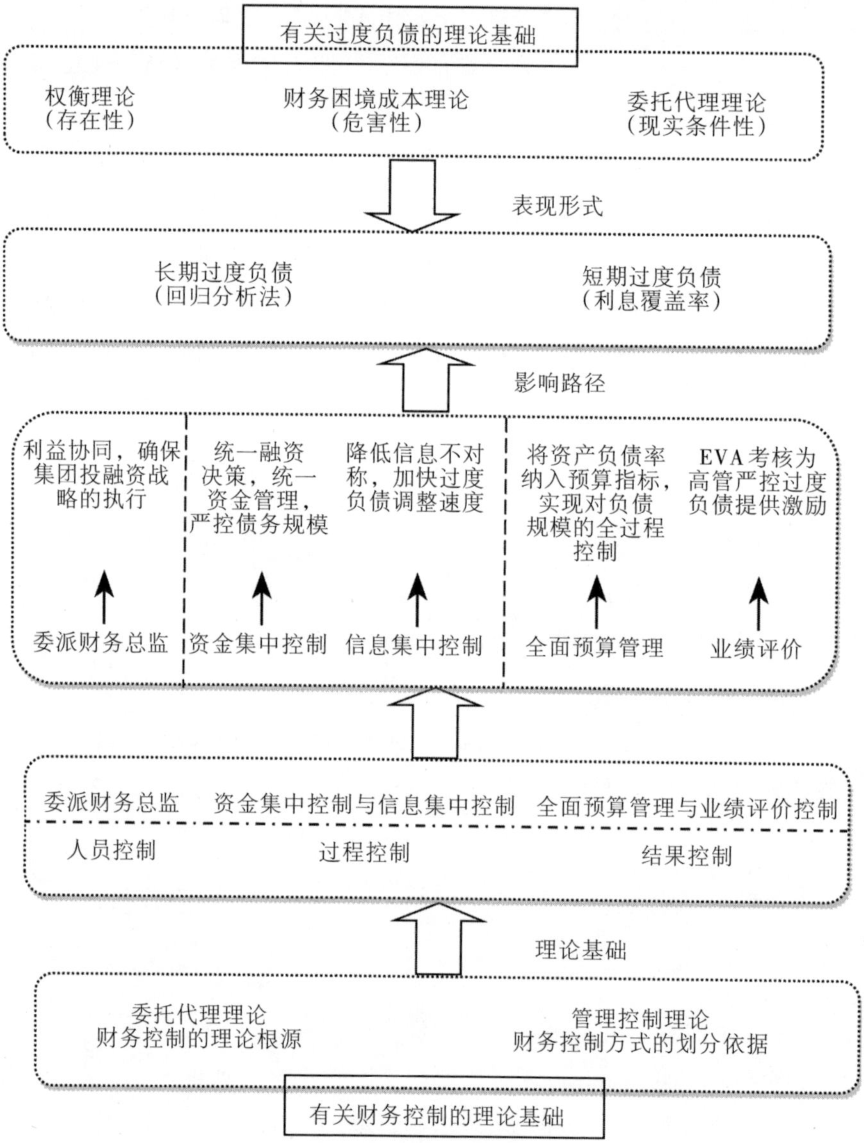

有关过度负债的理论基础
权衡理论
（存在性）
财务困境成本理论
（危害性）
委托代理理论
（现实条件性）
表现形式
长期过度负债
（回归分析法）
短期过度负债
（利息覆盖率）
影响路径
利益协同，确保集团投融资战略的执行
统一融资决策，统一资金管理，严控债务规模
降低信息不对称，加快过度负债调整速度
将资产负债率纳入预算指标，实现对负债规模的全过程控制
EVA考核为高管严控过度负债提供激励
委派财务总监
资金集中控制
信息集中控制
全面预算管理
业绩评价
委派财务总监
资金集中控制与信息集中控制
全面预算管理与业绩评价控制
人员控制
过程控制
结果控制
理论基础
委托代理理论
财务控制的理论根源
管理控制理论
财务控制方式的划分依据
有关财务控制的理论基础

图 3-1　理论框架图

第 4 章

我国企业过度负债现状分析

为了对我国上市公司过度负债分布状况进行分析，本章将区分不同行业、地区、产权性质与组织形式对上市公司过度负债情况进行对比分析，试图从中找出我国高杠杆企业所在。

4.1 我国企业债务融资现状分析

为了便于对我国上市公司资产负债率的变化趋势进行深入分析，本节首先对2000—2016年中国上市公司的资产负债率变化趋势进行总体分析(如图4-1所示)。从图4-1中可以发现，资产负债率的均值和中位数表现出较为一致的变化趋势，两者的变化趋势几乎吻合，这说明我国上市公司资产负债率分布状况较为均匀，极端值情况较少。在2003—2006年间，企业的资产负债率处于上升趋势，从2000年的42%上升至2006年的52%，紧接着发生了显著的下降，到2011年下降至40%左右，但是随后资产负债率又表现出先上升后下降的趋势，截至2016年，我国上市公司资产负债率的均值和中位数为40%左右。从资产负债率的75%分位数来看，从2000年的55%上升至2006年的最高点65%，紧接着又下降至2016年的58%左右。资产负债率在2006年之后发生显著的下降趋势可能与2007年的股权分置改革有关，股权分置改革的进行，改变了上市公司的融资渠道，为其进行股权融资提供了更好的环境。2010年之后企业资产负债率的上升可能与我国政府2009年的4万亿刺激计划有关。整体来看，我国企业存在着负债率过高的现象。下面进一步按照负债期限结构，对上市公司的短期资产负债率和长期资产负债率进行分析。

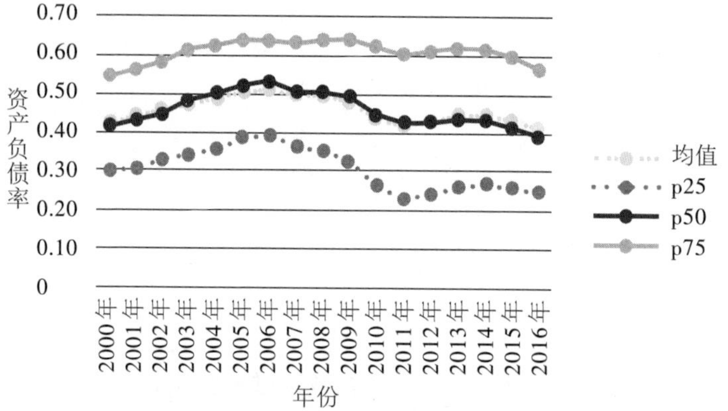

图4-1　上市公司资产负债率变化趋势图

图4-2为2000—2016年我国上市公司流动资产负债率的变化趋势。从图4-2中可以看出，企业流动资产负债率的均值和中位数同样表现出较为一致的变化趋势，在2000—2006年期间表现出上升趋势，最高上升至45%，2006年之后呈现出显著的下降趋势，至2016年，下降至30%左右。流动资产负债率的75%分位数数据也表现出先上升后下降的趋势，在2000—2005年间表现出上升的趋势，最高达到了58%，然后表现出下降的趋势，截至2016年，流动资产负债率在48%左右。

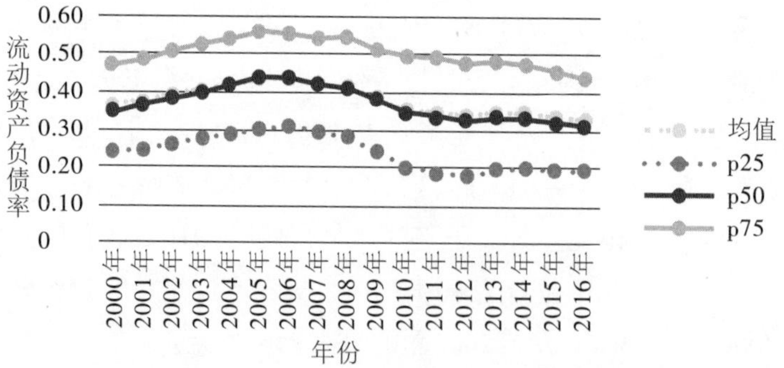

图4-2　上市公司流动资产负债率变化趋势图

图4-3为2000—2016年我国上市公司长期资产负债率的变化趋势。

从图4-3中可以看出，长期资产负债率的均值和中位数相差较大，而且变化趋势也存在较大的差异，这说明企业长期资产负债率极端值情况比较明显，从均值来看，长期资产负债率最高达到了8%，2011年之后表现出较为稳定的变化趋势，截至2016年，长期资产负债率约为6%。从长期资产负债率75%分位数来看，最高值达到了12%，截至2016年，长期资产负债率75%分位数为10%左右。总体来看，我国上市公司流动资产负债率远高于长期资产负债率，这可能是因为：相比于流动负债，长期负债的资金成本更高，对企业的贷款条件要求更高，因此取得长期贷款的难度更高，这与周业安等（2017）的研究结论一致。

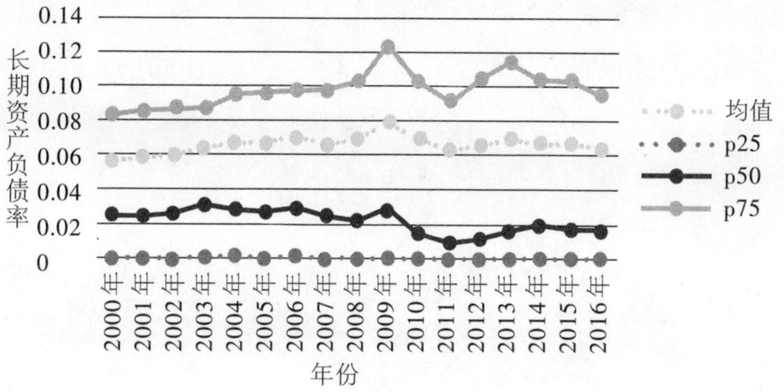

图4-3　上市公司长期资产负债率变化趋势图

4.2　过度负债的度量

4.2.1　样本选择

以上是对我国上市公司资产负债率整体变化趋势的分析，接下来，为了更加直接地对我国上市公司过度负债情况进行分析，本书选取2011—2015年沪深A股上市公司为研究对象。首先，采用回归分析法计算出我国上市公司的过度负债数值。然后，区分不同行业、地区、产权性质与组织形式对上市公司过度负债情况进行对比分析。之所以选取2011年之后的样本是为了与后文的多元回归分析保持一致。本部分采用的财务数据主要来自国泰安（CSMAR）数据库，其中实际控制人信息是通过对上市公司实际控制人关系图进行阅读，手工搜集整理得到的。根据本书的研究需要按照以下方式对样本进行筛选，最终得到7 051个样本观测值。

（1）剔除金融类上市公司，因为金融类上市公司与其他公司之间在业务和财务报告编制方法上存在较大差异；

（2）剔除同时发行B股或H股的上市公司，因为这类公司面临的监管环境可能不同；

（3）剔除资产负债率大于1与资产负债率小于0的样本；

（4）剔除上市连续不足2年的公司，因为本书需要滞后期变量；

（5）剔除数据缺失的样本，以保证样本的完整性。

按照中国证券监督管理委员会颁布的《中国上市公司行业分类指引》（2012版），对样本公司进行行业分类，图4-4为样本公司行业分布图。

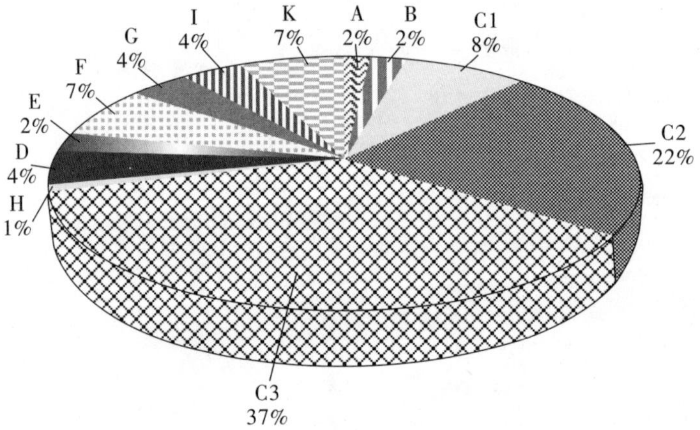

图4-4　样本公司行业分布图

本书对样本公司按照一类行业代码进行分类，由于制造业上市公司数量较多且存在较大差异，对其按照两位代码进行分类。表4-1为本书样本的行业分布状况。

由图4-4和表4-1中可以看出，样本主要集中在制造业（C1、C2、C3），制造业占样本总数的64.86%。其次为批发和零售业（F）、房地产业（K）与电力、热力、燃气及水生产和供应业（D）。

表4-1　　样本的行业分布

行业	行业名称	样本数
A	农、林、牧、渔业	116
B	采矿业	165
C	制造业	4 573
D	电力、热力、燃气及水生产和供应业	264
E	建筑业	171
F	批发和零售业	455
G	交通运输、仓储和邮政业	247
H	住宿和餐饮业	38
I	信息传输、软件和信息技术服务业	267
K	房地产业	458
L	租赁和商务服务业	69
M	科学研究和技术服务业	29
N	水利、环境和公共设施管理业	77
P	教育	9
R	文化、体育和娱乐业	42
S	综合	71
总样本数	7 051	

4.2.2　研究设计

（1）过度负债度量方式的选择

过度负债的定义与度量方式都依赖于目标负债率的定义和度量。权衡理论认为企业存在目标负债率，并且企业目标负债率是由企业自身特征因素决定的，具体包括：企业规模、盈利能力、成长性、有形资产比例等。因此，目标负债率是企业特征的函数，现有国内外研究大多采用企业特征对资产负债率进行回归的方法拟合得出企业目标负债率，然后将实际负债率与目标负债率的差值大于零的部分定义为过度负债。有些学者利用债务税盾收益最大化的思想，将企业债务税盾实现的企业价值最大化那一点对应的负债率定义为最优负债率，然后根据实际负债率与目标负债率的差值得出过度负债率。也有研究认为，行业资产负债率是决定企业目标负债率的重要因素，因此，利用行业资产负债率均值或中位数作为目标负债率的度量方式，然后根据实际负债率与目标负债率的差值定义过度负债率。

①回归分析法

在静态资本结构研究方面，现有学者分别从代理成本视角、信号传递视角、财务契约视角和融资顺序视角对资本结构影响因素进行了研究（Jensen and Meckling（1979）、Ross（1977）、Grossman and Hart（1985）和Myers and Majluf（1984））。在资本结构动态调整研究方面，现有文献分别从调整成本（Faulkender et al.，2007）、预算软约束（盛明泉等，2012）、政府控制水平（赵兴楣和王华，2011）、市场化进程（姜付秀和黄继承，2011）、政策影响（宋献中等，2014）、经济周期（闵亮和邵毅平，2012）、金融危机（Tsoy and Heshmati，2007）和产品市场竞争（黄继承和姜付秀，2015）等视角分析了资本结构动态调整速度及其影响因素。Drobetz and Wanzenried（2006）认为，固定资产占比、企业规模、账面市值比和总资产收益率（ROA）决定了企业的目标负债率。Chang et al.（2014）研究发现，影响我国企业资产负债率的稳定且可靠的因素包括：企业的盈利能力、行业负债率中位数、总资产增长率、固定资产占比、企业规模、产权性质和第一大股东持股比例。

国内有关资本结构影响因素的研究发现，以下六个方面是影响我国企业资本结构的关键因素：

第一，公司业绩。当企业获利能力较强时，企业就有可能保留较多的盈余，较少负债。另外，亏损企业由于得不到股权融资的机会，所以只能举借大量的短期债务解决资金需求（陆正飞和辛宇，1998；冯根福等，2000）。

第二，企业规模。规模大的企业信用更好，更倾向于多元化经营或纵向一体化，以此提高效率，分散风险，并通过内部调节有效使用资金，因此预期破产成本低，可比小企业更多地负债（洪锡熙和沈艺峰，2000；吕长江和韩慧博，2001；陈维云和张宗益，2002；吕长江和王克敏，2002）。

第三，企业成长性。对于成长性与上市公司资本结构的关系，国内学者得出的研究结论存在较大的差异。成长性高的企业一般都处于新兴产业，经济基础、管理运作都不太成熟，这会限制其进行债务融资的能力，导致成长性高的企业负债水平更低。但成长性高的企业内部现金流不足以支撑其投资需求，这会导致其外部融资需求高，但是发行股票的期限长，因此，成长性高的企业又不得不依靠债务融资满足投资需求（沈根祥和朱平芳，1999；吕长江和韩慧博，2001；洪锡熙和沈艺峰，2000）。

第四，公司治理结构。国家股、法人股所占比重过高导致了国有企业的内部人控制现象，另外，国有企业党委、董事会与管理层职责不清使得内部人几乎能够完全控制公司，进而导致国有企业经理基本可以按照自己的意愿选择融资方式和融资结构，导致国有企业大规模、低成本地套取债权人的资金，却没有动力提高资金使用效率，进而导致了国有企业的过度负债问题（黄少安和张岗，2001；刘明和袁国良，1999）。

第五，行业因素。不同行业企业的自身状况及其面临的外部环境存在着较大差异，这些差异对资本结构产生的影响主要体现为：首先，不同行业资本有机构成不同。资本有机构成的差异会导致经济规模所要求的投入不同。其次，行业生命周期的差异。处于不同生命周期的行业所面临的风险等级不同，而经营风险高的行业中企业的负债率可能较低。最后，不同行业的产业壁垒不同，进而会导致产业集中度的差异。产业集中度高，会使得竞争性弱的企业更多地负债（陆正飞和辛宇，1998；姜付秀和刘志彪，2005）。此外，同行业中龙头企业资产负债率的高低是影响同行业其他企业负债率水平的重要因素，陆蓉等（2017）研究发现，资产负债率存在着“同群效应”，行业内表现出扎堆借债的情况，行业龙头企业的资产负债率水平越高，同行业其他企业的资产负债率也会越高，这种影响比企业自身特征对资产负债率的影响更大、更显著。

第六，税收因素。吴联生和岳衡（2006）研究发现，税率的增加显著提高了企业的负债水平，他们在对我国享受“先征后返”税收政策的企业进行研究时发现，这些企业由于该优惠政策的取消导致税率发生了显著上升，其杠杆率发生了显著提高。目前，我国学者在对过度负债的计量方面主要采用的是回归分析法。其中，陆正飞等（2015）研究了产权性质对企业过度负债的影响，他们采用影响企业资产负债率的主要因素进行回归，进而得出企业的过度负债水平。邓路等（2016）研究了宏观经济环境、产权性质对超额银行借款的影响，在超额银行借款的计量方法上也采用了回归分析法。于博（2017）研究了技术创新对过度负债的影响，他同样采用了回归分析法计算企业过度负债水平。

②Kink值法

Kink值，即公司负债所能达到最大税收优惠时的利息支出／实际利息支出（Graham，2000；Caskey et al.，2012）。Graham（2000）发现，当Kink值为2时，对应的资产负债率为28%。Carlos（2005）采用Kink值度量企业过度负债情况，结果发现过度负债会导致企业违约概率的上升与信用评级的下降。权衡理论认为，企业目标资本结构是企业获得的税盾收益与破产成本权衡的结果，因此，当企业负债的边际税盾收益等于财务困境边际成本时，企业的负债率为最优负债率，此时的负债水平能够保证企业价值最大，而超过该点的负债为过度负债，低于该点的负债为负债不足。但是，近期的研究发现，税收对企业资产负债率的影响并不显著（Rajan and Zingales，1995；Goyal，2009；Oztekin and Flannery，2012）。

③行业均值法

不同行业面临的外部环境及自身状况存在较大差异，这些差异会对企业的资本结构产生一定的影响。陆蓉等（2017）研究发现，行业资产负债率是影响企业资产负债率高低的最关键因素，特别是行业中龙头企业的资产负债率水平，对行业中其他企业的资产负债率具有重要参考作用，龙头企业资产负债率越高，整个行业的资产负债率也越高，表现出行业的“同群效应”。部分学者在研究企业目标负债率时，都将公司所处行业当年负债率的均值作为目标资产负债率的估计值（姜付秀等，2008；俞洪海等，2010；张会丽和陆正飞，2013；邓路等，2016；陆蓉等，2017），将实际负债率与行业负债率均值的差值取绝对值后，得出衡量企业过度负债的指标。

④行业中位数法

有些研究认为，资本结构的行业均值容易受极端值影响，进而导致资本结构的行业均值无法准确度量行业资本结构的整体水平，因此，使用行业中位数作为行业资本结构的度量指标更加合理，即将公司所处行业当年资产负债率的中位数作为目标资本结构的估计值，将实际负债率与行业负债率中位数的差值取绝对值后，得出衡量企业过度负债的指标（张会丽和陆正飞，2013）。

在利用上述几种度量方法计算企业目标资本结构时可能都会产生一定的偏差，但是现有研究普遍采用的是第一种回归分析法，即利用资产负债率的主要影响因素对其进行回归，得出拟合值作为目标资产负债率，然后用企业实际资产负债率与目标负债率的差值作为企业资产负债率偏离目标资产负债率的度量指标。因此，本书将借鉴第一种回归分析法度量企业过度负债。在稳健性分析中本书还将采用资产负债率的行业均值与行业中位数作为目标资本结构的度量指标，进而计算出企业的过度负债水平。

已有文献在计算企业资产负债率时主要使用的是账面负债率和市场负债率两种，但考虑到我国股票市场噪声较大，本书采用账面负债率衡量企业的资产负债率。具体而言，本书根据 Harford et al.（2009）、Coricelli et al.（2010）和 Denis and Mckeon（2012）的研究方法，对样本进行固定效应回归，预测出企业的目标负债率。在资本结构影响因素的选择方面，借鉴现有研究选择了影响企业资产负债率的主要八个因素。具体回归模型如下：

$$LEVB_t=\alpha_0+\alpha_1 SOE_{t-1}+\alpha_2 ROA_{t-1}+\alpha_3 IND\_LEV_{t-1}+\alpha_4 GROWTH_{t-1}+\alpha_5 FATA_{t-1}+\alpha_6 SIZE_{t-1}+\alpha_7 SHRCR1_{t-1}+\alpha_8 AZ+Year+INDUSTRY+\varepsilon \quad (4-1)$$

用企业的实际负债率减去模型（4-1）预测的目标负债率，大于零的部分即为过度负债率（OVERLEV），该指标越大，表明长期视角下企业过度负债水平越高。模型（4-1）中控制变量的选择是根据 Chang et al.（2014）的研究结论确定的，他们发现影响我国企业资产负债率水平的关键因素主要包括：企业的盈利能力（ROA）、行业负债率的中位数（IND_LEV）、总资产增长率（GROWTH）、固定资产占比（FATA）、企业规模（SIZE）、产权性质（SOE）与第一大股东持股比例（SHRCR1）。另外，借鉴姜付秀等（2009）计算目标负债率的方法，本书还加入了企业财务状况指标（AZ），具体采用 Altman Z 指数加以衡量，Altman 的 Z 计分模型是建立在单变量度量指标的比率水平和绝对水平基础上的多变量模型，其计算公式为：AZ=0.012×营运资金/总资产+0.014×留存收益/总资产+0.033×息税前利润/总资产+0.006×股票总市值/负债账面价值+0.999×销售收入/总资产。Z值越大，说明财务状况越好，越不容易陷入财务困境。根据Altman（1968）的模型，不同学者针对不同国家企业计算后得出的Z值判断标准存在较大差异，但是各国“财务失败组”的Z值平均值都低于1.8（姜付秀等，2009）。因此，本书以1.8为临界值，判断企业的财务困境状况并设置哑变量（Z），如果Z指数大于1.8，则Z取1，否则取0。

（2）过度负债的分类度量方法

陆正飞等（2015）认为，实际负债率与目标负债率的偏离这一度量方式考虑了企业当前及未来发展状况，从长期与动态视角考虑了企业是否过度负债。而短期过度负债反映了企业的短期偿债能力，也是判断企业负债率是否过高的重要依据。资产负债率指标更多是从代理成本的视角对负债进行考虑，无法体现企业短期债务违约风险（Myers，1977；Jensen and Meckling，1979；Rajan and Zingales，1995）。Aghion and Bilton（1992）将负债率视为企业所有权向利益相关者或债权人转移的一种途径，因此，是否存在短期过度负债是决定企业生存的关键因素，利息覆盖率指标更加合理（Rajan and Zingales，1995；Faulkender and Petersen，2006）。过低的利息覆盖率会导致企业短期内无法偿还债务，这也属于过度负债的范畴，因此本书设置过低利息覆盖率指标EXINTER_dum，当利息覆盖率小于1时取1，表示短期视角下企业存在过度负债，否则取0。出于谨慎性考虑，现实中企业通常将利息覆盖率的临界值定义为2.5，当实际利息覆盖率低于该临界值时，就会对企业短期负债发出预警，督促其提高利息覆盖率。

4.2.3 实证检验

为了有效度量企业过度负债水平，采用样本公司对模型（4-1）进行回归得出目标资产负债率，然后用实际资产负债率超过目标资产负债率的部分作为企业过度负债的度量指标。

有关目标资产负债率的估计方法有多种，考虑到目标资产负债率的估计对本书的研究至关重要，本书采用了三种较为普遍且可靠的估计方法对目标资产负债率进行估计，即混合效应模型（Pooled OLS）、固定效应模型（FE）和随机效应模型（RE），具体回归结果见表4-2。从三种回归方法得出的结果可以发现，三种估计方法的拟合效果（R^2）分别为41.1%、11%和10.2%，其中POLS得出的调整R^2较高，说明模型的拟合效果较好，固定效应模型与随机效应模型得出的组间R-W均为10%左右，在一定程度上说明本书的模型拟合效果较好。

表4-2　　**目标资产负债率预测模型回归结果**

变量	POLS	FE	RE
SOE	0.030*** (4.18)	0.006 (0.77)	0.027*** (5.36)
ROA	0.012** (2.56)	0.010*** (3.67)	0.012*** (4.70)
IND_LEV	0.478*** (9.57)	0.302*** (10.06)	0.442*** (18.86)
GROWTH	-0.004*** (-2.63)	-0.005*** (-4.54)	-0.005*** (-5.25)
FATA	-0.020 (-1.00)	0.043*** (4.30)	0.021** (2.31)
SIZE	0.070*** (23.20)	0.059*** (23.70)	0.065*** (34.31)
SHRCR1	-0.000 (-0.75)	-0.000* (-1.71)	-0.000*** (-2.97)
AZ	-0.086*** (-22.28)	-0.036*** (-21.20)	-0.047*** (-29.88)
Constant	-1.182*** (-16.42)	-0.892*** (-16.75)	-1.080*** (-27.62)
N	7 051	7 051	7 051
AdjR²	0.411		
R-W		0.11	0.102

注：***、**、*分别表示1%、5%、10%的显著性水平。

从三种回归方法得出的结果可以看出，相比非国有企业，国有企业的负债率更高，这与余明桂和潘红波（2008）、邓路等（2016）的研究结果一致；盈利能力强的企业负债率更高，这说明盈利能力强的企业内部现金流更充裕，因此更有动机利用负债对现金流引起的代理问题进行治理，这符合委托代理理论的预期（Jensen and Meckling，1979）。行业负债率与企业负债率具有显著的正相关关系，这符合现实中企业目标负债率的制定办法，大多数企业在制定自身的目标负债率时会以行业负债率作为参考标准，这说明行业负债率对企业目标负债率的制定具有较为显著的影响，这与陆蓉等（2017）得出的研究结论一致。企业成长性与负债率显著负相关，这可能是因为成长性高的企业面临的不确定性更高，企业风险更高，因此负债能力更弱。有形资产比例越高的企业资产负债率越高，这说明企业有形资产具有抵押作用，有形资产可以作为债务抵押为企业的债务提供担保，进而提高了企业的负债能力。企业规模与企业资产负债率显著正相关，说明企业规模越大，声誉越好，信息不对称程度越低，企业的负债能力越强，负债水平更高。第一大股东持股比例与企业资产负债率显著负相关，说明第一大股东持股比例越高的企业，大股东对企业的控制力越强，企业出现过度负债的可能性越低。张会丽和陆正飞（2011）研究发现，第一大股东持股比例越高的企业集团，子公司负债占比越低，出现过度负债的可能性越低。财务状况与企业的资产负债率显著负相关，说明财务状况越好的企业，内部自由现金流越充裕，根据融资优序理论，企业的外部资金需求更低，因此，企业的负债率更低。以上所有变量的结果与现有研究得出的结论具有较强的一致性，这说明本书在目标负债率的估计变量选择上具有一定的合理性，目标负债率的估计结果较为可靠。

另外，考虑到目标负债率可能存在的固定效应，本书将从混合效应模型、随机效应模型和固定效应模型中选择最合适的估计方法。首先，采用F检验的方法，判断模型是否“不存在个体随机效应”。通过F检验后发现，模型中存在个体随机效应，因此，在混合效应模型（Pooled OLS）与随机效应模型（RE）中选择随机效应模型。然后，利用豪斯曼（Hausman）检验的方法判断模型中是否存在个体固定效应，根据Sigmamore指标分析发现，存在个体固定效应，因此在固定效应模型（FE）和随机效应模型（RE）中选择固定效应模型（FE）。最后，本书选择固定效应模型（FE）作为本书目标负债率的估计方法，在此后的回归分析中本书都将采用固定效应模型（FE）得出的结果对相关假设进行检验。在稳健性分析中，本书还将采用不同的目标负债率估计方法计算过度负债。表4-3为本书根据不同的估计方法得出的过度负债指标。

表4-3 过度负债估计结果

变量	样本量	均值	标准差	中位数	最小值	p25	p75	最大值
ELEV1	7 051	0.497	0.500	0	0	0	1	1
ELEV2	7 051	0.499	0.500	0	0	0	1	1
ELEV3	7 051	0.507	0.500	1	0	0	1	1
OVERLEV1	7 051	0.061	0.088	0.005	0	0	0.105	0.528
OVERLEV2	7 051	0.101	0.120	0	−0.583	−0.141	0.180	0.582
OVERLEV3	7 051	0.099	0.122	0.474	0	0	0.177	0.608
INTR	7 051	7.408	19.300	3.653	−20.450	2.178	6.393	158.500
EXINT dum1	7 051	0.101	0.302	0	0	0	0	1
EXINT dum2	7 051	0.301	0.459	0	0	0	1	1

表4-3为不同估计方法得出的企业过度负债情况，从长期过度负债指标来看，其中ELEV1是根据固定效应模型（FE）估计出的过度负债企业比例，ELEV2是根据企业实际负债率与行业负债率均值比较得出的过度负债企业比例，ELEV3是根据企业实际负债率与行业负债率中位数比较得出的过度负债企业比例。从这三个指标可以发现，我国上市公司中大约有一半（50%）的企业存在着过度负债现象，这与描述性统计中得出的结果一致。三种过度负债度量指标的均值分别为：OVERLEV1为6.1%，OVERLEV2为10.1%、OVERLEV3为9.9%，第一种方法得出的过度负债率略低于其他两种方法得出的过度负债率，综合来看，我国企业的过度负债率大约为10%左右。出于稳健性考虑，在多元回归分析中，本书将同时采用这三种方式进行回归分析。此外，从短期过度负债指标来看，企业利息覆盖率指标（INTR）均值为7.4，以利息覆盖率为1的临界值计算出来的企业短期过度负债指标（EXINT_dum1）显示，大约有10%的企业存在短期过度负债，以利息覆盖率为2.5的临界值计算出的企业短期过度负债指标（EXINT_dum2）显示，大约有30%的企业存在短期过度负债。

为了对过度负债进行深入分析，首先对过度负债率与资产负债率的年度分布情况进行分析，以便从中找出过度负债与资产负债率的变化趋势，见表4-4。

表4-4　　过度负债率与资产负债率的年度分布

年份	过度负债率				资产负债率			
	均值	p25	p50	p75	均值	p25	p50	p75
2011	0.07	0.00	0.02	0.13	0.51	0.37	0.52	0.66
2012	0.07	0.00	0.02	0.13	0.51	0.36	0.52	0.67
2013	0.07	0.00	0.01	0.12	0.49	0.33	0.50	0.65
2014	0.06	0.00	0.00	0.11	0.45	0.28	0.45	0.62
2015	0.06	0.00	0.00	0.10	0.44	0.27	0.43	0.60
合计	0.07	0.00	0.00	0.12	0.48	0.32	0.48	0.64

从表4-4中可以看出，企业资产负债率与过度负债率均随着时间而呈现出下降趋势，这说明近些年来我国实施的“去杠杆”政策产生了一定的效果，企业的资产负债率发生了一定程度的下降。为了更加直观地对企业过度负债情况进行分析，本书绘制了资产负债率与过度负债率的年度分布图，分别如图4-5、图4-6所示。

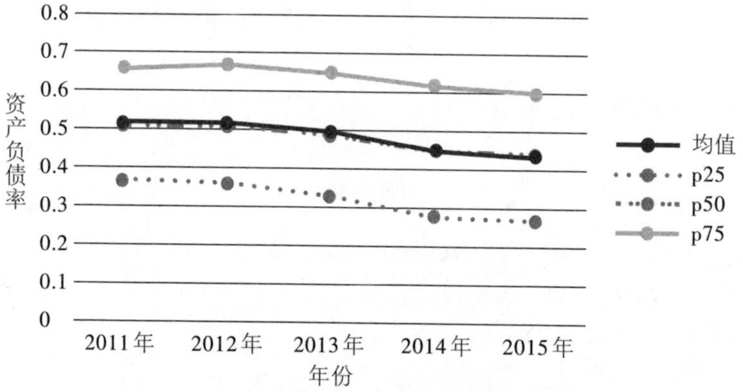

图4-5　资产负债率变化趋势图

从图4-5可以发现，企业资产负债率的均值和中位数表现出较强的一致性，两者从2011年的51%下降至2015年的44%。其中资产负债率的75%分位数在2011—2015年也发生了微弱的下降，由2011年的66%下降为2015年的60%。综合资产负债率各百分位上的数据可以发现，资产负债率自2011年开始发生了显著的下降。

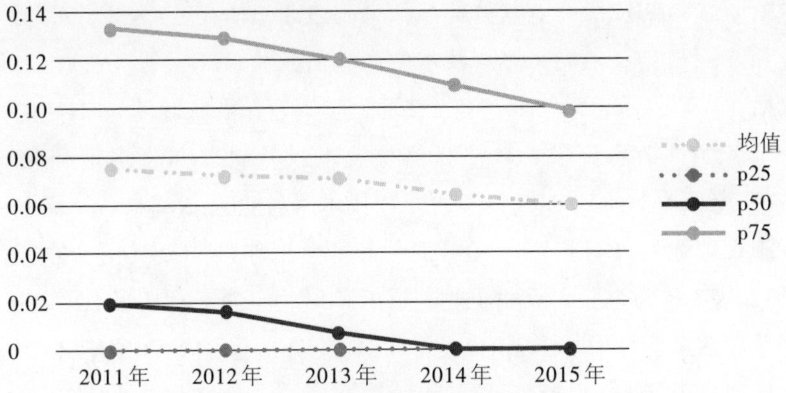

图4-6　过度负债率变化趋势图

另外，从图4-6的过度负债率变化趋势可以得出它与资产负债率变化趋势相似的结论。企业过度负债率均值从2011年的7%下降至2015年的6%，中位数与25%分位数从2014年开始降至0，说明有50%的企业实现了目标资产负债率。从过度负债率的75%分位数来看，从13%开始逐年下降至2015年的10%左右。总体来看，自2011年我国上市公司过度负债率呈现出逐年递减的趋势。

4.3　过度负债总体现状分析

4.3.1　过度负债的行业分析

钟宁桦等（2016）认为，在去杠杆这个问题上，应该首先要弄清楚一些基本事实，比如，不同部门、行业、地区的企业的杠杆率到底高在哪里。只有弄清这些基本情况之后才能为去杠杆政策提出有针对性的意见和建议（任泽平和冯赟，2016）。

根据国民经济核算对产业部门的分类，上市公司按其所属产业可以划分为农林牧渔业、生产制造业、服务业三大类，考虑到金融企业业务性质的特殊性，且财务报表项目包含的内容与一般企业存在明显差异，本书将其从服务业中剔除。因此，本书将上市公司划分为大制造业、大服务业与农林牧渔业三种类型，并对这三类企业的过度负债情况进行对比分析。参考中国证监会2012版行业划分标准，大制造业包括：B（采矿业）、C（制造业）、D（电力、热力、燃气及水生产和供应业）、E（建筑业）；大服务业包括：F（批发和零售业）、G（交通运输、仓储和邮政业）、H（住宿和餐饮业）、I（信息传输、软件和信息技术服务业）、K（房地产业）、L（租赁和商务服务业）、M（科学研究和技术服务业）、N（水利、环境和公共设施管理业）、P（教育）、Q（卫生和社会工作）、R（文化、体育和娱乐业）。表4-5为这三大行业企业的过度负债对比情况。从表中可以看出，无论是长期过度负债（OVERLEV1）还是短期过度负债（EXINTR），服务业都显著高于制造业。

表4-5　　**过度负债均值检验结果——分行业**

变量	服务业	制造业	农林牧渔业
OVERLEV1	0.01***	-0.01***	0
OVERLEV2	0.02	-0.01	-0.02
OVERLEV3	0	0	-0.02
EXINTR	0.03***	-0.04***	0.06***

注：***、**、*分别表示1%、5%、10%的显著性水平。

通过统计分析发现，服务业的长期过度负债均值为7%，比制造业和农林牧渔业显著高出1个百分点。服务业中存在短期过度负债的企业为12%，显著高于非服务业企业的平均水平9%。这主要是因为服务业中的房地产业存在着过高的杠杆率，进而导致了服务业过度负债情况更加显著。制造业和服务业并未表现出严重的过度负债现象。但是，农林牧渔业存在着较为严重的短期过度负债现象，且短期过度负债的企业占比为16%，高于服务业短期过度负债企业的比例。与其他行业相比，制造业的过度负债程度相对较低。这与任泽平和冯赟（2016）的研究结论一致，他们发现中国传统周期性行业（建筑、房地产、钢铁、电力及公用事业等）普遍产能过剩，资产负债表恶化，杠杆率高企。

表4-6是对过度负债进行分行业统计的结果。从表4-6可以发现，行业过度负债均值（合计）为7%，其中建筑业（E）的过度负债均值最高，

超过了实际负债率的12%，其次是批发零售业（F）、科学研究和技术服务业（M）与房地产业（K），其过度负债均超过了全部行业的平均水平。从全部行业（合计）过度负债75%分位的数据来看，实际负债率超过目标负债率12%，其中建筑业（E）、批发和零售业（F）过度负债情况最为严重，实际负债率超过了目标负债率19%，其次是科学研究和技术服务业（M）（17%），房地产业（K）（14%）和卫生和社会工作（Q）（15%）均超过了全部行业75%分位数的均值。总体来看，建筑业（E）、批发和零售业（F）的过度负债情况最为严重，其次是科学研究和技术服务业（M）、房地产业（K）、卫生和社会工作（Q）。

表4-6　　**过度负债的行业分布**

行业	过度负债			
	均值	p25	p50	p75
农、林、牧、渔业（A）	0.06	0.00	0.00	0.08
采矿业（B）	0.05	0.00	0.00	0.06
制造业（C）	0.06	0.00	0.00	0.11
电力、热力、燃气及水生产和供应业（D）	0.06	0.00	0.01	0.11
建筑业（E）	0.12	0.03	0.12	0.19
批发和零售业（F）	0.11	0.00	0.08	0.19
交通运输、仓储和邮政业（G）	0.04	0.00	0.00	0.04
住宿和餐饮业（H）	0.05	0.00	0.00	0.10
信息传输、软件和信息技术服务（I）	0.04	0.00	0.00	0.05
房地产业（K）	0.08	0.00	0.06	0.14
租赁和商务服务业（L）	0.06	0.00	0.00	0.09
科学研究和技术服务业（M）	0.10	0.00	0.05	0.17
水利、环境和公共设施管理业（N）	0.04	0.00	0.00	0.07
教育（P）	0.07	0.06	0.07	0.08
卫生和社会工作（Q）	0.06	0.00	0.00	0.15
文化、体育和娱乐业（R）	0.07	0.00	0.00	0.02
综合（S）	0.08	0.00	0.04	0.10
合计	0.07	0.00	0.00	0.12

为了更直观地看出企业过度负债的行业分布情况，本书绘制了图4-7。从图中可以看出，不同行业之间的过度负债分布情况差别很大，这说明行业因素是影响企业过度负债的关键因素，其中过度负债75%分位上的数据最高几乎达到了20%，而最低只有2%左右，过度负债的均值也存在较大差异，从过度负债均值来看，均值最高的行业达到了13%左右，均值最低的行业过度负债为4%左右。过度负债的中位数和75%分位数均表现出很大的波动性，其中明显可以观察到，E、F、K、M、Q五个行业的过度负债情况非常明显。过度负债中位数较高的行业有E、F、K、M、P。总体来看，过度负债不同分位数上的数据分别呈现出较强的一致性，其结果均表明过度负债最高的几个行业是E、F、K、M、P。

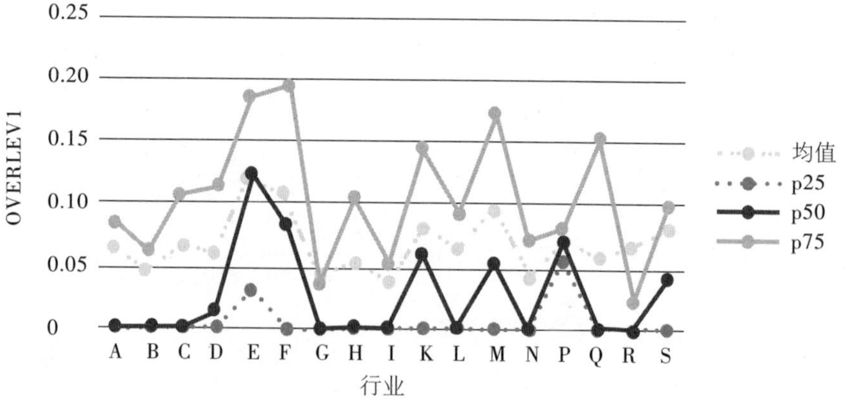

图4-7　行业过度负债分布图

4.3.2　过度负债的地区分析

接下来，按照上市公司注册地，对其过度负债情况进行分地区对比分析。本书主要将上市公司的注册地划分为七个地区：华东地区、华南地区、华中地区、华北地区、西北地区、西南地区和东北地区。表4-7列示了上市公司过度负债分地区情况的对比分析结果。从长期过度负债变量（OVERLEV1、OVERLEV2、OVERLEV3）来看，华中地区、西北地区与东北地区的过度负债显著高于其他地区企业的过度负债水平。从短期过度负债变量（EXINTR）来看，西北地区、西南地区与东北地区的过度负债显著高于其他地区的企业。综合来看，西北地区和东北地区的长期过度负债与短期过度负债水平都显著高于其他地区，这与这些地区的产业结构密切相关，这些地区是我国重工业基地，存在着较为严重的“高产能、高库存、高杠杆、低效率”特征。而经济发展较好的地区，比如华东、华南、华北地区企业的过度负债情况并不严重，这说明“去杠杆”的对象主要集中在经济发展较差的地区，这些地区的企业运营效率不高，较多依靠举债经营，造成了其高杠杆现象，而这种缺乏企业基本面支撑的高负债不仅会带来较高的财务风险，还会降低企业的经营效率，带来较高的经营风险，最终会导致企业破产。

表4-7　　过度负债均值检验结果——分地区

变量	华东	华南	华中	华北	西北	西南	东北
OVERLEV1	-0.01***	0	0.01***	-0.01***	0	0.02***	0.01***
OVERLEV2	-0.05***	-0.05***	0.07***	0	0.07***	0.01	0.09***
OVERLEV3	-0.05***	-0.05***	0.07***	0	0.07***	0.01	0.08***
EXINTR	0.03***	-0.01	0	-0.01*	0.04***	0.02***	0.05***

注：***、**、*分别表示1%、5%、10%的显著性水平。

4.3.3 过度负债的产权性质分析

方军雄（2007）研究发现，相比非国有企业，银行对国有企业发放了数额更多、期限更长的贷款，他认为这可能是因为政府的干预以及国有企业相比非国有企业所具有的信息成本优势和违约风险优势，但这种现状不仅限制了非国有企业的发展，还导致了过多的信贷资金投放于缺乏效率的国有企业，进而造成资金配置的低效率与国有企业的过度负债。于是，本书按照企业产权性质，区分国有企业与非国有企业，并进一步将国有企业区分为中央企业与地方国企，分别与非国有企业过度负债均值进行对比分析，均值检验结果见表4-8。从表4-8中可以看出，相比于非国有企业，国有企业的长期过度负债与短期过度负债水平都显著更高，进一步区分中央国有企业与地方国有企业后发现，中央国有企业与地方国有企业的长期过度负债水平显著更高，而短期过度负债并不严重。这说明，过度负债主要集中在国有企业，国有企业过度负债的概率更高、程度更大。这与国有企业债务融资的便利性有关。相比于非国有企业，国有企业依靠政府的隐性担保，存在着超额债务融资动机，本书的结论与邓路等（2016）的研究结论一致。

表4-8　过度负债均值检验结果——分产权性质

变量	国有企业	中央企业	地方国有企业
OVERLEV1	0.02***	0.01	0.02*
OVERLEV2	0.15***	0.12***	0.10***
OVERLEV3	0.14***	0.11***	0.09***
EXINTR	0.01***	0.00	0.00

注：***、**、*分别表示1%、5%、10%的显著性水平。

4.3.4　过度负债的组织形式分析

现有理论认为，相比于非集团控股上市公司，集团控股上市公司负债融资的规模更大、实施关联担保等贷款的情况更为普遍，集团控股上市公司更有可能出现过度负债。为了对该结论提供进一步支持，本书将区分企业实际控制人组织形式，对集团控股上市公司过度负债与非集团控股上市公司的过度负债情况进行描述性统计分析，并进行简单对比。

本书根据上市公司实际控制人股权结构关系图判断上市公司实际控制人是否为集团，进而对集团控股上市公司与非集团控股上市公司的过度负债情况进行对比分析，结果见表4-9。从表4-9可以看出，相比于非集团控股上市公司，集团控股上市公司的过度负债情况更严重，无论是短期过度负债还是长期过度负债，集团控股上市公司均显著高于非集团控股上市公司。其中，以根据回归分析法得出的过度负债情况来看，集团控股上市公司的过度负债率显著高于非集团控股上市公司1个百分点，从过度负债的行业均值与中位数来看，集团控股上市公司过度负债分别高于非集团控股上市公司14%与13%，无论在经济意义还是在统计意义上均具有显著性。这为本书以集团控股上市公司为研究对象提供了初步支持。

表4-9　　过度负债均值检验结果——集团与非集团

变量	集团控股	非集团控股	均值差异（t）
OVERLEV1	0.07	0.06	0.01***
OVERLEV2	0.64	0.50	0.14***
OVERLEV3	0.63	0.51	0.13***
EXINTR	0.11	0.09	0.02**

注：***、**、*分别表示1%、5%、10%的显著性水平。

为了更加直观地对集团控股上市公司的过度负债率情况进行分析，本书绘制了集团控股上市公司过度负债率年度分布图，如图4-8所示。从图4-8可以看出，集团控股上市公司的过度负债率均值在8%左右，其中位数在2%~4%之间，说明集团控股上市公司的过度负债率分布偏右，有的公司出现了极度过度负债的情况。从75%分位数上的数据来看，集团控股上市公司的过度负债率达到了14%，这说明集团控股上市公司的实际资产负债率超过了最优资产负债率的14%，这是非常高的，风险也是非常高的。因此，对集团控股上市公司的过度负债进行治理显得尤为关键和必要。

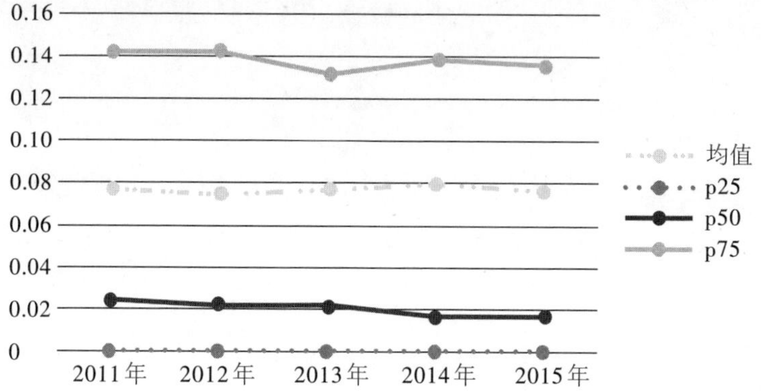

图4-8　集团控股上市公司过度负债率分布图

4.4 研究结论与启示

综合上述分析可以发现：首先，从资产负债率的历史变化趋势来看，我国企业存在着资产负债率偏高的现象，从资产负债率的结构分析中发现，短期负债占总负债的比例更高；其次，通过多元回归分析与行业均值法得出：我国上市公司同时存在着长期过度负债与短期过度负债现象，且长期过度负债的上市公司占全部上市公司数量的一半左右；最后，我国企业的过度负债存在着结构性差异。从过度负债的行业分布来看，建筑业、房地产业过度负债问题更严重；从地区分布来看，东北地区企业的过度负债问题最严重；从产权性质来看，国有企业过度负债问题更严重，其中中央企业过度负债水平最高；从实际控制人的组织形式来看，相比于非集团控股上市公司，集团控股上市公司的过度负债问题更加严重。因此，考虑到集团控股上市公司的过度负债问题更严重以及母公司财务控制数据的可获得性，本书作者通过阅读国资委监制的各年《中央企业经济运行报告》、《中国企业集团财务公司年鉴》、《中央企业预算报告》和中央企业控股上市公司年报，手工搜集整理出中央企业集团母公司财务控制相关数据，中央企业业绩评价体系中EVA权重的数据来自问卷调查。在后文的实证研究中，本书将以中央企业集团控制的上市公司为样本，分别从人员控制、过程控制和结果控制三个维度，研究母公司财务控制方式对上市公司过度负债的影响。

第 5 章

人员控制对上市公司过度负债影响的实证研究

人员控制，主要是集团母公司控制各全资子公司的财务总监或其他财务人员的任免。财务人员是企业集团财务控制活动的主要实施者。对企业集团财务人员的控制是否有效，将直接影响企业集团财务控制的效果。企业集团财务人员控制的方式有很多种，一般采取的是财务总监委派制。委派财务总监作为上市公司与母公司之间联结的桥梁，能够提高母子公司之间信息传递的及时性与准确性，进而保证母公司对上市公司的财务风险进行及时掌握和把控，避免过度负债和财务危机的发生。

5.1 理论分析与研究假设

Jensen and Meckling 认为，委托-代理是指一个人或一些人（委托人）委托其他人（代理人）按照委托人利益从事某些活动，并相应授予代理人某些决策权的契约关系。代理理论将组织视为委托人（principal）与代理人（agent）的契约关系（Hodge et al.，1996）。由于母子公司之间的委托代理关系，以及母子公司间存在的利益不一致，将产生委托代理成本（Jensen and Meckling，1976）。为了解决委托代理问题，委托人要采用监督（monitoring）的方式来限制代理人的自利行为，或采用激励（incentives）的方式保证代理人与委托人的目标一致。Levinthall（1977）

认为，信息不对称、利益冲突与母子公司对风险的偏好是母子公司间委托代理问题产生的前提。限于地理、时间方面的因素，母公司利用委派财务总监制度，将总部的监督形式进行了放大（Boyaciigller，1990）。

自20世纪90年代起，我国就开始实施了财务总监委派制度，开始主要是在深圳、上海等城市的国有企事业单位中试行（杨肃昌，1998）。当时，我国正处于经济转轨时期，法律环境与市场机制尚不完善健全，出现了严重的国有资产流失、资产泡沫与资产清洗问题（杭州市人民政府，2000）。行政事业单位中的“乱罚款、乱收费、乱摊派”以及私设“小金库”现象屡见不鲜（郜进兴，1999）。出现上述问题的主要原因是国有资产所有权缺位、经营者权力越位以及监管不到位。当时由于企业自身能力的限制，为了适应现代企业制度要求，国家作为资产的所有者将国有资产委托给专业的经理人经营。尽管两权分离在形式上符合现代企业制度要求，但是政府与国企之间的委托代理问题还没有完善的机制予以解决。因此，财务总监制度应运而生。政府通过向国有企业委派财务总监作为代表，监督国企管理者的重大经营决策。财务总监委派制度实施成本低、见效快，在一些试点单位取得了良好的效果，因此被政府部门作为行政命令予以推广。现有关于财务总监委派制度的研究认为，财务总监作为所有者代表对企业实施监督，这反映了产权约束带来的监督关系，因此能够解决所有者缺位问题（杨肃昌，1998）。与监事会等事后监督机制相比，委派财务总监能够对企业的经济活动进行全过程监督（余春宏和吴建忠，2002）。财务总监同时身兼外部人（代表所有者）和内部人（参与重大事项的决策），能够降低母子公司间的信息不对称（苗健实，2009）。委派财务总监作为所有者代表，能够将所有者的意志贯彻落实到子公司的经营决策中，进而对母子公司间的利益冲突进行协调，保证母公司战略目标的实现（郝常安，2006）。

上市公司作为集团的融资平台，可能会承担更多的集团融资计划，为集团内其他成员企业提供资金支持，这也可能导致其出现过度负债现象（江龙、刘笑松，2011）。集团选派CFO是体现集团集中管控的方式之一，选派CFO对上市公司过度负债的影响可以从效率视角和管控视角来看。纳鹏杰等（2012）认为，财务总监是企业资金的直接管理者，其对资金的配置更加专业，更能够实现集团对资金进行集中控制。集团母公司向子公司委派财务总监是最有效的人员控制途径，这体现了集团对资金风险管控与价值管理的高度重视，同时也能够体现集团的声誉效应和共同担保效应。选派CFO的薪酬人事关系决定于集团，只要其受集团控制和授意，就能保证上市公司的债务风险在集团可控范畴内，对超过警戒线的债务风险进行严格把控，这最终必然影响上市公司的负债水平与财务困境风险。

理论上讲，委派财务总监能够降低母子公司间的委托代理成本与信息不对称。但是，现有研究发现，以下两点是决定委派财务总监制度实施效果的关键成功因素。第一，委派的财务总监对经营单位的重大财务事项应有干涉权，通常做法是令财务总监进入经营单位的董事会，并进行定期汇报，实行轮岗制度（部进兴，1999）。第二，财务总监与经营单位之间相对独立，尤其是当委派财务总监的薪酬人事关系由委派单位管理的时候（刘锦恒和曹湘平，2007）。由于母子公司间也是一种委托代理关系，针对母公司财务控制的研究也延续了以上思路，这些研究认为母公司也应当向子公司委派财务总监，进而实现对子公司的监督（冰雪，2010；周云凌，2010）。还有一些研究指出，为了更好地发挥财务总监委派制度的效果，应该让委派的财务总监进入子公司董事会，将其人事薪酬关系纳入母公司管控（苏静，2006；王清和王景贵，2005）。根据上述分析可以看出，财务总监委派制度是为了应对转轨时期我国国有资产监管不完善而提出的应急措施。由于适用之处产生了一定的成效，因此被认为是加强集团财务控制的有效方式之一。根据以上分析，本书以财务总监委派制度作为人员控制的替代变量，首先，研究母公司向上市公司委派财务总监是否会对上市公司过度负债产生影响；然后，进一步研究委派财务总监的权力（是否进入上市公司董事会）和独立性（委派财务总监的薪酬人事关系是否隶属于母公司）会对委派财务总监制度的实施效果产生怎样的影响；最后，区分不同盈利能力与成长性的上市公司，分别研究母公司委派财务总监制度对不同特征上市公司过度负债的影响是否存在差异，并提出以下假设：

假设5-1：其他条件一定的前提下，母公司委派财务总监能够显著降低上市公司的过度负债水平；

假设5-2：其他条件一定的前提下，母公司委派财务总监进入上市公司董事会能够显著降低上市公司的过度负债水平；

假设5-3：其他条件一定的前提下，委派财务总监的薪酬人事关系隶属于母公司能够显著降低上市公司的过度负债水平。

5.2 研究设计

5.2.1 数据来源

由于母公司财务控制方式的数据通常是内部的，很难通过公开渠道获得。同时考虑到时间和能力的有限性，本书选择中央企业集团为研究对象，并通过对央企总会计师进行一一访谈的方式对央企集团母公司财务控制的设置情况进行当面咨询。作者利用财政部领军人才班（企业班）中的总会计师培训课程，现场对总会计师一一进行访谈，并对他们的回答进行了录音和记录，对于未参加总会计师培训课程的央企总会计师，作者利用电话通信的方式进行了访谈。目前，我国共有中央企业集团101家，作者对这101家中央企业的总会计师进行了访问邀请，但最终一共有78家中央企业集团总会计师答应了访谈要求。

有关访谈题项的设计主要是通过阅读大量的文献，找出母公司财务控制方式的分类框架，以及母公司财务控制方式实施效果的关键影响因素，并利用实地调研的机会，与部分中央企业总会计师以及财务部门主管进行深度交流，对中央企业集团财务控制方式设计情况、执行效率以及执行效果进行充分了解，并要求财务主管人员对影响财务控制方式实施效果的关键因素以及财务控制方式的实施效果进行总结，这能够让本书的访谈题项设计充分考虑企业实践中影响财务控制方式实施效果的关键因素，提高访谈题项设计的准确性。另外，本书还通过向财务控制方式研究领域的专家学者进行咨询的方式，要求他们对访谈题项设计的合理性进行评价并提出意见和建议，然后根据相关意见进行修改完善，进一步确保访谈题项设计的合理性。最后，综合理论研究与企业实践方面的信息，本书选择了以下问题进行访谈。具体问题见表5-1。

表5-1　　央企母公司财务控制现状访谈目录

题项	访谈内容	选项
01	集团是否实施财务总监委派制度	是□　否□
02	委派的财务总监是否进入上市公司董事会	是□　否□
03	委派的财务总监人事薪酬关系归属于	集团公司□　上市公司□　共同决定□
04	集团是否建立了财务信息共享中心	是□　否□
05	集团预算编制方式	自上而下□　自下而上□　上下结合□
06	全面预算管理的主导机构是	股东大会□　董事会□　预算管理委员会□　财务部□
07	预算考核指标包括	EVA□　经营指标□　资产负债率指标□　现金流指标□
08	EVA在母公司对上市公司的业绩评价体系中所占比重为	□10%～20%　□21%～30%　□31%～40%　□40%以上
09	集团实施财务总监委派制度的年份是	□2000年以前　□2001—2005年　□2006—2010年　□2011—2017年
10	集团建立财务信息共享中心的年份是	□2000年以前　□2001—2005年　□2006—2010年　□2011—2017年
11	集团建立资金统一结算中心的年份是	□2000年以前　□2001—2005年　□2006—2010年　□2011—2017年
12	集团实施全面预算管理的年份是	□2000年以前　□2001—2005年　□2006—2010年　□2011—2017年
13	集团实施业绩评价的年份是	□2000年以前　□2001—2005年　□2006—2010年　□2011—2017年
14	贵集团的名称是	

本书的样本期间为2011—2015年，之所以选择2011年之后是因为中央企业从2010年开始执行新的业绩评价体系，这可能会对母公司的财务控制方式产生一定的影响。另外，通过对央企总会计师的访谈结果来看，大部分央企都是在2010年之后建立了相应的财务控制方式。因此，本书

选择2011—2015年的财务控制方式数据进行研究。为了降低异常值的影响，本书对所有的连续变量进行了1%与99%分位数的缩尾处理。同时剔除了金融行业企业，上市不足一年的企业，以及数据缺失的企业，最终得到1 093个央企上市公司观测值①。

5.2.2 人员控制及相关变量的度量

（1）人员控制变量的度量

人员控制主要是通过母公司是否向其控制的上市公司委派财务总监进行度量。现有研究大多认为影响集团财务总监委派制度实施效果的因素主要包括两个方面：第一，委派财务总监是否进入上市公司董事会，具有重大财务决策事项的参与权与决策权；第二，委派财务总监的薪酬人事关系是否隶属于集团母公司，因为当委派财务总监的薪酬由上市公司决定时，可能会导致委派财务总监与上市公司高管的“合谋”，或者委派财务总监被上市公司“架空”，使其缺乏独立性与监督的激励。因此，综合以上两个方面的考虑，本书首先考察了委派财务总监对上市公司过度负债的影响，然后再区分委派财务总监是否进入上市公司董事会以及委派财务总监的薪酬人事关系是否隶属于母公司对委派财务总监制度实施效果的影响。下面将对人员控制包含的三个变量与过度负债之间可能存在的关系进行分析。

第一，是否实施财务总监委派制度（PA）。委派财务总监能够降低集团母公司与上市公司之间的信息不对称。一方面，委派财务总监对集团文化、制度的理解更加深入，这有利于上市公司贯彻执行集团制度与政策，降低母子公司之间由于利益冲突导致的委托代理问题，抑制上市公司管理层为了追求私人利益进行大规模举债或者利用负债资金从事高风险投资项目，进而实现集团的战略协同效应。另一方面，委派的财务总监通常会定期向集团母公司进行汇报与信息沟通，这种信息沟通能够让集团母公司及时准确地了解到有关上市公司财务状况方面的信息，并及时对上市公司过度负债风险进行预警，进而降低上市公司过度负债的可能性。现有关于委

① 后文中实证检验的样本均以此样本为研究对象。

派财务总监制度效果的研究结论尚存在一定争议，一些研究发现委派财务总监能够在一定程度上降低母子公司之间的信息不对称与代理成本，但是另一些研究发现，委派财务总监会产生新的代理问题。因此，委派财务总监在上市公司中拥有的权力以及委派财务总监的独立性会影响财务总监委派制度的实施效果。

第二，委派财务总监是否为上市公司董事会成员（PB）。单独的委派财务总监制度可能存在以下问题：一是，委派财务总监被内部人架空，无法获得子公司的真实信息；二是，委派财务总监与内部人同流合污，造成集团财务控制失效。而委派财务总监同时兼任上市公司董事，可以使其参与子公司的重大财务决策，因而可以做到事前、事中控制，比结果控制（属于事后控制，例如审计）更能够及时发现问题（冰雪，2010）。另外，进入董事会还能够提升委派财务总监在上市公司中的地位，提高其话语权，有利于保证集团母公司战略的执行。这种委派方式下的财务总监进入子公司经营管理层，拥有子公司财务部门的人事任免权，负责子公司的财务事项，代表母公司行使对子公司的决策职能（陈宏明和雷新途，2005），能够在很大程度上降低母子公司之间的代理成本。

第三，委派财务总监的薪酬人事关系是否隶属于集团母公司（PC）。当委派财务总监进入上市公司董事会，但其薪酬人事关系由上市公司决定时，仍然可能面临以下问题：一是，因缺乏独立性而产生“内部人”烙印；二是，监督与决策之间的冲突（陈宏明、雷新途，2005）。委派财务总监给集团母公司财务控制带来的难题是有关委派财务总监的激励与约束机制的设计问题，现有研究发现，当集团母公司控制委派财务总监的薪酬时，可以在一定程度上克服以上两种类型委派财务总监带来的独立性问题。因此，本书选择人员控制的这三个方面，试图回答：财务总监委派制度是否能够降低上市公司过度负债？哪些因素是决定财务总监委派制度对上市公司过度负债治理效应的关键因素？

（2）控制变量

为了检验集团母公司财务控制方式对上市公司过度负债的影响，本书借鉴已有关于过度负债的相关研究选取如下控制变量：

盈利能力（ROA）：代理理论认为，盈利性好的企业更能利用税盾收益，而且更多的负债能够降低自由现金流引起的代理问题，因此，盈利能力好的企业的负债水平更高（Jensen，1986）。动态权衡理论认为，盈利能力好的企业更愿意储存盈余，以应对市场波动产生的风险（Kayhan and Titman，2007）。优序融资理论却认为，盈利性好的企业会更多地使用内部融资，负债水平更低（Myers，1984）。因此，有关企业盈利能力与企业负债水平之间关系的研究结论存在一定的争议。

行业负债水平（IND_LEV）：企业管理层通常会以行业负债水平为标杆制定自己企业的负债率，相比于自由竞争的行业，受管制行业的现金流更加稳定，因此负债水平更高（Gilson，1997；Hull，1999；Hovakimian et al.，2001；Faccioand Masulis，2005；Flannery and Rangan，2006）。Armen et al.（2004）研究发现，企业在发行债券或股票之前，会根据行业负债水平决定自身的债务融资时机，且行业负债水平会显著影响企业的债务融资决策。不同行业之间的负债水平存在显著差异，但是相同行业不同企业之间的负债水平总体保持平稳趋势，具有较高的一致性。

成长性（GROWTH）：权衡理论认为，成长性高的企业财务困境成本更高，自由现金流更低，自由现金流产生的代理问题更低，因此，负债水平更低。但是，优序融资理论认为，成长性高的企业拥有更多的投资机会，对资金的需求更高，在盈利一定的前提下，负债水平更高。因此有关成长性与企业负债水平之间的关系尚存在一定的争议。

有形资产的比例（FATA）：现有研究发现，有形资产更容易被外界估值，降低了企业财务困境成本，且有形资产降低了股东进行高风险资产替代的难度，预期财务困境成本与代理成本更低，因此，有形资产比例与企业负债水平呈正相关关系。Shleifer and Vishny（1992）发现，相比于其他行业，房地产行业的负债水平与负债能力更强，这是因为房地产的抵押价值较高，增强了企业的负债能力，而当房地产的流动性与抵押价值下降后，房地产行业的负债水平也会发生显著的下降。Campello and Giambona（2010）发现，土地、房屋等可以被其他企业容易使用的资产可以提高企业的负债能力，进而提高了企业的负债水平。然而，专用性较强的资产给企业带来的负债能力较低，降低了企业的负债水平。另外，优序融资理论认为，更多的资产降低了企业的信息不对称，因此企业更愿意进行股权融资，进而降低了企业的负债水平，但是如果现有资产会带来更高的逆向选择，那么负债就会与有形资产之间呈现正相关关系。因此，优序融资理论对负债水平与企业有形资产之间的关系的预期并不确定。

企业规模（SIZE）：权衡理论认为大规模企业多元化程度更高，声誉更好，违约概率更低，因此负债水平更高，但是优序融资理论认为，大企业自身的盈利能力更强，内部盈余更高，因此外部负债水平更低。现有的实证研究大多发现企业规模与负债之间存在显著的正向关系。

所得税税率（ETR）：DeAngelo and Masulis（1980）认为，企业负债水平与税收水平之间存在正相关关系，负债水平越高，企业获得的税盾收益越高。但是权衡理论认为，企业的负债水平与税收之间存在着倒U形关系，在最优负债水平之前，企业负债与税收之间存在正相关关系，但是超过最优负债水平，企业负债增加带来的税盾收益将下降。

非债务税盾（NDTS）：传统的利息税盾可能存在高估问题，DeAngelo and Masulis（1980）认为，企业中还存在许多被忽视的非债务税盾。Graham and Tucker（2006）对44家企业的税盾收益进行分析后发现，其中来自非债务税盾的收益占总资产的9%，这些税盾相比于债务税盾更有吸引力，这使得企业并不认为债务税盾有足够的吸引力。因此，非债务税盾能够降低企业利用债务税盾收益的动机，进而降低企业的负债水平。

第一大股东持股比例（SHRCR1）：纳鹏杰等（2012）研究发现，集团控股上市公司中，第一大股东的持股比例越高，上市公司的负债水平越高，经营现金流量越充裕，企业规模越大，且国有企业第一大股东持股比例远高于非国有企业。陆正飞等（2017）研究发现，第一大股东持股比例越高，代表第一大股东对上市公司的管控水平越高，越有可能对上市公司负债行为进行控制。邵军和刘志远（2017）研究发现，第一大股东持股比例与上市公司的资源配置效率之间存在显著的正相关关系，因此第一大股东持股比例越高，上市公司的负债水平越低，出现过度负债的概率也更低。因此，有关第一大股东持股比例与上市公司过度负债之间的关系并不确定。

管理层持股比例（MANAOWN）：代理理论认为，管理层持股能够在一定程度上降低股东与经理之间的利益冲突，降低第一类代理问题。管理层持股能够通过提高企业资金使用效率与降低资金筹集风险两个方面提高企业价值。邵军和刘志远（2017）研究发现，在集团控股的上市公司中，管理层持股比例越高，上市公司的资源配置效率越高，经理的机会主义行为越少。

为了控制年度固定效应与行业固定效应的影响，本书还对年度行业变量进行了控制。在稳健性检验中，为了控制外部宏观环境中的货币政策对企业过度负债的影响，本书借鉴李志军和王善平（2011）、代冰彬和岳衡（2015）的做法，采用“MP=M2增长率-GDP增长率”衡量外部货币政策宽松度，该指标越大说明外部货币政策越宽松，宽松的货币政策下企业获得外部借款的难度更小，出现过度负债的概率更高。另外，为了克服序列相关与内生性的影响，本书对所有样本进行了集团层面的聚类处理（cluster（group））。

5.2.3 模型设计

为了检验人员控制对过度负债的影响，基于以上分析选取的控制变量，构建模型（5-1）与模型（5-2）分别从长期过度负债与短期过度负债视角，研究人员控制对过度负债的影响。

$$OVERLEV_{i,t}=\beta_0+\beta_1PC_i+\beta_2ROA_{i,t}+\beta_3IND\_LEV_{i,t}+\beta_4GROWTH_{i,t}+\beta_5FATA_{i,t}+\beta_6SIZE_{i,t}+\beta_7SHRCR1_{i,t}+\beta_8NDTS_{i,t}+\beta_9ETR_{i,t}+\beta_{10}MANAOWN_{i,t}+INDUSTRY+YEAR+\varepsilon \quad (5-1)$$

$$Logit(EXINTR\_dum)=\gamma_0+\gamma_1PC_i+\gamma_2ROA+\gamma_3IND\_LEV+\gamma_4GROWTH+\gamma_5FATA+\gamma_6SIZE+\gamma_7SHRCR1+\gamma_8NDTS+\gamma_9ETR+\gamma_{10}MANAOWN+INDUSTRY+YEAR+\varepsilon \quad (5-2)$$

其中：$OVERLEV_{i,t}$为公司i第t年的过度负债水平；PC_i代表公司i财务总监委派制度实施情况，具体包括：是否向上市公司委派财务总监（PA），委派财务总监是否进入上市公司的董事会（PB），委派财务总监的薪酬人事关系是否隶属于集团母公司（PC）；EXINTR_dum代表公司i第t年是否存在短期过度负债。变量的具体说明见表5-2。

表5-2　　　　　　　　　　**变量说明**

<table>
<tr><th></th><th>变量代码</th><th>变量名称</th><th>变量说明</th></tr>
<tr><td rowspan="8">被解释变量</td><td>LEV</td><td>账面资产负债率</td><td>总负债÷总资产</td></tr>
<tr><td>OVERLEV1</td><td>过度负债1</td><td>根据模型（4-1）计算的过度负债率</td></tr>
<tr><td>OVERLEV2</td><td>过度负债2</td><td>实际资产负债率减去行业均值大于0的值</td></tr>
<tr><td>OVERLEV3</td><td>过度负债3</td><td>实际资产负债率减去行业中位数大于0的值</td></tr>
<tr><td>EXLEVB</td><td>过度负债哑变量</td><td>当企业过度负债时取1，否则取0</td></tr>
<tr><td>INTR</td><td>利息覆盖率</td><td>利息覆盖率=息税折旧前利润÷利息支出</td></tr>
<tr><td>EXINTR_dum1</td><td>短期过度负债变量1</td><td>当INTR<1时取1，否则取0（借鉴陆正飞等（2015）的做法）</td></tr>
<tr><td>EXINTR_dum2</td><td>短期过度负债变量2</td><td>当INTR<2.5时取1，否则取0（借鉴陆正飞等（2015）的做法）</td></tr>
<tr><td rowspan="9">解释变量</td><td rowspan="3">PC</td><td rowspan="3">人员集中控制变量</td><td>是否实施财务总监委派制度，是取1，否则取0</td></tr>
<tr><td>委派财务总监是否进入上市公司董事会，是取1，否则取0</td></tr>
<tr><td>委派财务总监的薪酬人事关系是否隶属于母公司，是取1，否则取0</td></tr>
<tr><td>MC</td><td>资金集中控制变量</td><td>资金集中度</td></tr>
<tr><td>IC</td><td>信息集中控制变量</td><td>是否建立财务信息共享中心，是取1，否则取0</td></tr>
<tr><td rowspan="3">BC</td><td rowspan="3">全面预算管理变量</td><td>全面预算的主导机构是否为董事会，是取1，否则取0</td></tr>
<tr><td>预算指标中是否包含资产负债率指标，是取1，否则取0</td></tr>
<tr><td>全面预算的编制方式是否为上下结合，是取1，否则取0</td></tr>
<tr><td>PMC</td><td>业绩评价变量</td><td>EVA在业绩评价体系中所占的权重</td></tr>
<tr><td rowspan="10">控制变量</td><td>SOE</td><td>产权性质</td><td>国有企业取1，否则取0</td></tr>
<tr><td>ROA</td><td>盈利能力</td><td>净利润÷总资产</td></tr>
<tr><td>IND_LEV</td><td>行业负债率中位数</td><td>资产负债率的行业中位数</td></tr>
<tr><td>GROWTH</td><td>成长性</td><td>营业收入增长率</td></tr>
<tr><td>FATA</td><td>有形资产比重</td><td>有形资产占总资产比重</td></tr>
<tr><td>SIZE</td><td>企业规模</td><td>总资产的自然对数</td></tr>
<tr><td>SHRCR1</td><td>第一大股东持股比例</td><td>第一大股东持股比例</td></tr>
<tr><td>NDTS</td><td>非债务税盾</td><td>折旧费用÷总资产</td></tr>
<tr><td>ETR</td><td>所得税税率</td><td>所得税费用÷利润总额</td></tr>
<tr><td>MANAOWN</td><td>管理层持股比例</td><td>管理层持股比例</td></tr>
</table>

5.3 人员控制对上市公司过度负债影响的实证检验结果及分析

5.3.1 描述性统计

为了对本书研究变量的数据分布情况进行初步了解，首先进行了描述性统计分析，表5-3为本书主要变量的描述性统计分析结果。从表中可以发现，按照回归分析法得出的过度负债指标来看，过度负债企业样本量为531，占总样本的比重大约为50%。过度负债企业的资产负债率均值为65%，过度负债率的均值为13%，即企业的实际资产负债率超过了最优资产负债率的13%。从全样本来看，企业的资产负债率均值为53%，过度负债的均值为7%。通过两者的对比分析可以发现，过度负债企业的资产负债率显著高于全样本企业资产负债率的均值。从解释变量来看，平均有95%的企业实行了财务总监委派制度，其中平均有66%的委派财务总监进入了上市公司董事会，但是委派财务总监的薪酬由集团母公司控制的上市公司仅占总样本的47%，说明大部分集团委派的财务总监独立性不高，这降低了委派财务总监监督上市公司的动机。从短期过度负债来看，平均有30%的企业存在短期过度负债。另外，从控制变量的结果可以看出，相比于全样本企业，过度负债企业的成长性（MB）更高、盈利能力（ROA）更差、第一大股东持股比例（SHRCR1）更低、债务的税盾效应（ETR）更低、管理层持股比例（MANAOWN）更高。

表5-3 **描述性统计结果**

A栏：过度负债样本

	样本量	均值	中位数	标准差	最小值	最大值
LEV	531	0.64	0.65	0.15	0.21	1.00
OVERLEV1	531	0.13	0.10	0.00	0.001	0.54
PA	531	0.95	1.00	0.23	0.00	1.00
PB	531	0.66	1.00	0.47	0.00	1.00
PC	531	0.44	0.00	0.50	0.00	1.00

续表

IND_LEV	531	0.47	0.44	0.09	0.29	0.69
FATA	531	0.18	0.11	0.19	0.00	0.73
GROWTH	531	0.10	0.08	0.19	−0.59	0.80
ROA	531	0.01	0.01	0.05	−0.24	0.21
SIZE	531	22.55	22.47	1.21	19.64	25.78
SHRCR1	531	0.392	0.410	0.136	0.128	0.750
NDTS	531	0.02	0.02	0.02	0.00	0.07
ETR	531	0.07	0.07	0.20	−0.66	0.80
MANAOWN	531	0.01	0.00	0.03	0.00	0.42

B栏：全样本

	样本量	均值	中位数	标准差	最小值	最大值
LEV	1 093	0.53	0.53	0.21	0.06	1.00
OVERLEV1	1 093	0.07	0.02	0.10	0.00	0.54
EXINTR	1 093	0.29	0	0.46	0	1
PA	1 093	0.94	1.00	0.25	0.00	1.00
PB	1 093	0.65	1.00	0.48	0.00	1.00
PC	1 093	0.47	0.00	0.50	0.00	1.00
IND_LEV	1 093	0.47	0.44	0.08	0.29	0.69
FATA	1 093	0.18	0.12	0.18	0.00	0.73
GROWTH	1 093	0.09	0.08	0.17	−0.59	0.80
ROA	1 093	0.02	0.02	0.05	−0.24	0.21
SIZE	1 093	22.60	22.49	1.35	19.48	25.78
SHRCR1	1 093	0.396	0.405	0.142	0.122	0.750
NDTS	1 093	0.02	0.02	0.02	0.00	0.07
ETR	1 093	0.09	0.09	0.18	−0.66	0.80
MANAOWN	1 093	0.00	0.00	0.03	0.00	0.42

5.3.2 相关性分析

表5-4为本书主要变量的相关性分析结果，其中左下角为Pearson相关系数，右上角为Spearman相关系数。从表中可以看出，是否委派财务总监与委派财务总监进入董事会和委派财务总监薪酬人事关系隶属于母公司之间存在着显著的正相关关系，但是委派财务总监进入上市公司董事会和委派财务总监的薪酬人事关系隶属于母公司之间并不存在显著的相关性。这为后文中单独研究三者对过度负债的影响提供了条件。此外，相关性分析结果表明，盈利能力强的企业更有可能向上市公司委派财务总监，有形资产比重越高的企业越有可能让委派的财务总监进入上市公司董事会，成长性越高的企业越有可能由集团母公司控制委派财务总监的薪酬与人事关系。所有变量之间的方差膨胀因子VIF小于10，说明本书研究变量之间不存在显著的共线性问题。

表5-4 **相关性分析结果**

变量	PA	PB	PC	IND_LEV	FATA	GRO WTH	ROA	SIZE	SHRCR1	NDTS	ETR	MANAOWN
PA	1.00	0.36^{*}	0.25^{*}	-0.01	-0.01	0.06	0.06	-0.10	0.01	0.02	-0.05	0.02
PB	0.36^{***}	1.00	-0.47	0.02	0.08	-0.06	0.09	-0.07	-0.12	0.04	-0.01	0.04
PC	0.25^{***}	-0.47	1.00	0.04	-0.03	0.13^{*}	0.17^{*}	-0.08	0.01	-0.02	0.02	0.12^{*}
IND_LEV	-0.06	0.05	0.00	1.00	-0.20	0.10^{*}	-0.04	0.26^{*}	-0.04	-0.17	-0.02	-0.02
FATA	-0.03	0.08^{**}	-0.07	-0.13	1.00	-0.27	0.05	-0.21	-0.02	0.67^{*}	0.17^{*}	-0.10
GROWTH	0.05	-0.07	0.14^{**}	0.10^{***}	-0.20	1.00	0.24^{*}	0.16^{*}	0.04	-0.34	0.12^{*}	0.10^{*}
ROA	0.07^{*}	0.09^{**}	0.14^{**}	0.02	-0.05	0.23^{**}	1.00	-0.10	0.02	-0.05	0.3^{*}	0.18^{*}
SIZE	-0.12	-0.08	-0.09	0.27^{**}	-0.05	0.13^{**}	-0.04	1.00	0.29^{*}	-0.09	-0.04	0.10^{*}
SHRCR1	-0.01	-0.12	0.02	-0.07	0.01	0.04	0.01	0.30^{***}	1.00	0.03	0.05	-0.11
NDTS	0.01	0.04	-0.04	-0.15	0.68^{**}	-0.30	-0.10	-0.03	0.07^{**}	1.00	0.03	-0.10
ETR	-0.04	-0.01	0.00	0.05	0.11^{**}	0.07^{**}	0.15^{**}	0.01	0.04	0.04	1.00	-0.02
MANAOWN	0.04	-0.05	0.03	0.12^{**}	-0.09	0.10^{***}	0.06^{*}	0.01	-0.09	-0.09	-0.03	1.00

注：***、**、*分别表示1%、5%、10%的显著性水平。

5.3.3　多元回归分析

（1）人员控制对长期过度负债的影响

①委派财务总监对上市公司长期过度负债的影响

为了检验母公司人员控制对上市公司过度负债的影响，本章首先从母公司是否向上市公司委派财务总监视角，研究母公司委派财务总监对上市公司过度负债的影响。使用样本公司数据对模型（5-1）进行回归，结果见表5-5。从表5-5第（1）列可以看出，集团委派财务总监并不能降低上市公司的过度负债水平，假设5-1并不成立。在综合回归模型中，表5-5第（4）列结果显示，单独向上市公司委派财务总监并没有显著降低上市公司过度负债水平，这可能是因为尽管母公司向上市公司委派了财务总监，但是委派财务总监并不拥有对上市公司财务决策的参与权与决定权，同时委派财务总监的薪酬人事关系由上市公司控制，这降低了委派财务总监的独立性，更有可能使得委派财务总监与上市公司管理层“合谋”，最终导致财务总监委派制度的失效。

表5-5　　**人员控制对长期过度负债的影响回归结果**

变量	（1）	（2）	（3）	（4）
PA	0.019 （1.09）			0.021 （1.54）
PB		-0.015 （-1.54）		-0.011 （-0.77）
PC			-0.022** （-2.37）	-0.033** （-2.54）
IND_LEV	0.319 （0.00）	0.315 （0.00）	0.262 （0.00）	0.249 （0.00）
FATA	0.029 （0.80）	0.022 （0.59）	0.018 （0.48）	0.023 （0.62）
GROWTH	0.060** （2.09）	0.066** （2.31）	0.071** （2.49）	0.068** （2.38）

续表

变量	(1)	(2)	(3)	(4)
ROA	-0.426***	-0.431***	-0.417***	-0.422***
	(-4.44)	(-4.50)	(-4.38)	(-4.42)
SIZE	-0.022***	-0.021***	-0.021***	-0.020***
	(-4.44)	(-4.36)	(-4.34)	(-4.14)
SHRCR1	-0.003	-0.017	-0.024	-0.023
	(-1.22)	(-0.71)	(-0.98)	(-0.96)
NDTS	-0.976***	-0.926***	-0.948***	-1.018***
	(-2.79)	(-2.65)	(-2.73)	(-2.91)
ETR	-0.012	-0.012	-0.013	-0.011
	(-0.45)	(-0.44)	(-0.50)	(-0.40)
MANAOWN	0.115	0.121	0.112	0.094
	(1.10)	(1.16)	(1.08)	(0.90)
行业	控制	控制	控制	控制
年份	控制	控制	控制	控制
样本量	531	531	531	531
$AdjR^2$	0.197	0.183	0.186	0.193

注：***、**、*分别表示1%、5%、10%的显著性水平。

②委派财务总监进入董事会对上市公司长期过度负债的影响

进一步，本书按照委派财务总监是否进入上市公司董事会，研究其对上市公司过度负债的影响。具体回归结果见表5-5第（2）列，从表中的结果来看，当委派财务总监进入上市公司董事会时，能够在一定程度上降低上市公司的过度负债水平，但是并不显著，假设5-2不成立。在综合回归模型中，表5-5第（4）列的结果显示，委派财务总监进入上市公司董事会能够在一定程度上降低上市公司过度负债，但是并不显著。这说明赋予委派财务总监一定的权力能够改善财务总监委派制度的实施效果，但是并不显著。这可能是因为即使委派财务总监具有参与决策的权力，但是其缺乏动机对上市公司的财务决策进行影响，其独立性或者是自身利益使其没有动机对上市公司的财务决策进行监督。

③委派财务总监的薪酬人事关系隶属于母公司对上市公司长期过度负债的影响

表5-5第（3）列显示，当委派财务总监的薪酬人事关系隶属于集团母公司时，能够显著降低上市公司的过度负债水平，假设5-3成立。在综合回归模型中，表5-5第（4）列结果显示，在控制其他与委派财务总监相关变量的前提下，委派财务总监薪酬人事关系隶属于母公司能够显著降低上市公司的过度负债水平。

从以上三个方面的回归结果可以看出，委派财务总监制度的实施效果更关键是取决于对委派财务总监的激励与约束机制的设计，这与已有研究得出的结论一致（张克慧、牟博佼，2012）。这说明委派财务总监制度对过度负债发挥治理效应的关键成功因素是委派财务总监的薪酬人事关系由集团母公司控制。从控制变量的回归结果来看，成长性（GROWTH）高的企业过度负债水平更高，这是因为成长性高的企业拥有更多的投资机会，但是盈利能力并不强，内部自有现金流不足以支持投资对资金的需求，因此，过度负债水平更高。盈利能力（ROA）强的企业过度负债水平更低，这符合优序融资理论的预期，即盈利能力强的企业内部现金流更加充裕。相比外部融资，内部融资成本更低，因此外部债务融资水平更低，过度负债水平更低。企业规模（SIZE）大的企业过度负债水平更高，这可能是因为大企业声誉更好，面临的信息不对称程度更低，因此负债能力更强，更容易取得借款，进而导致其过度负债水平更高。非债务税盾收益（NDTS）与过度负债之间存在显著的负相关关系，这与现有研究得出的预期相同，因为相比债务税盾，非债务税盾收益对企业的吸引力可能更大。因此，非债务税盾收益高的企业负债水平更低，过度负债水平更低。

（2）人员控制对短期过度负债的影响

长期过度负债反映了企业未来可能存在的财务风险，而短期过度负债反映了企业短期的偿债能力，如果上市公司不具有短期偿债能力将会对其持续经营产生重大影响，甚至导致企业控制权的转移甚至破产。因此，短期过度负债对于上市公司的危害性同样不可轻视。接下来，本书将采用利息覆盖率作为短期过度负债的度量指标，利用样本数据对模型（5-2）进行回归，进而研究人员控制对上市公司短期过度负债的影响，具体结果见表5-6。

表5-6 **人员控制对短期过度负债的影响回归结果**

变量	（1）	（2）	（3）	（4）
PA	-0.049 （-0.10）			0.194 （0.30）
PB		0.503 （1.33）		0.074 （0.17）
PC			-0.661*** （-2.62）	-0.648* （-1.76）
IND_LEV	2.869*** （3.43）	2.783*** （3.39）	2.652*** （3.22）	2.809*** （3.27）
FATA	0.860 （0.89）	0.733 （0.76）	0.866 （0.87）	0.847 （0.85）
GROWTH	-5.571*** （-5.12）	-5.524*** （-5.08）	-5.366*** （-4.94）	-5.388*** （-4.95）
ROA	-55.593*** （-9.39）	-55.994*** （-9.46）	-54.910*** （-9.23）	-54.995*** （-9.23）
SIZE	0.321*** （3.34）	0.323*** （3.32）	0.295*** （3.02）	0.298*** （3.04）
SHRCR1	-0.011 （-1.13）	-0.008 （-0.82）	-0.011 （-1.17）	-0.010 （-1.07）
NDTS	-47.450*** （-4.18）	-47.031*** （-4.15）	-48.220*** （-4.18）	-48.030*** （-4.17）
ETR	-0.058 （-0.11）	-0.034 （-0.06）	-0.086 （-0.16）	-0.069 （-0.13）
MANAOWN	22.797** （2.34）	23.837** （2.55）	23.092** （2.31）	23.223** （2.33）
行业	控制	控制	控制	控制
年份	控制	控制	控制	控制
样本量	704	704	704	704
$PseuR^2$	0.4219	0.4259	0.4302	0.4306

注：***、**、*分别表示1%、5%、10%的显著性水平。

①委派财务总监对上市公司短期过度负债的影响

从表5-6中可以看出，委派财务总监在一定程度上降低了上市公司的短期过度负债水平，但是并不显著，假设5-1不成立。在综合回归模型中，表5-6第（4）列结果显示，委派财务总监并不能降低上市公司的短期过度负债水平，这与长期过度负债得出的结论一致，说明单独的委派财务总监制度确实无法对上市公司的过度负债发挥显著的治理效应。

②委派财务总监进入董事会对上市公司短期过度负债的影响

表5-6第（2）列回归结果显示，委派财务总监进入董事会显著提升了上市公司过度负债水平，这可能是因为委派财务总监尽管拥有参与上市公司财务决策的权利，但是与其自身利益相关的控制机制由上市公司决定，进而降低了其监督上市公司的动机，导致其与上市公司“合谋”，并未发挥积极的监督作用。与长期过度负债得出的结论一致。在综合回归模型中，表5-6第（4）列的回归结果显示，委派财务总监进入董事会并未降低上市公司的过度负债水平，假设5-2不成立。

③委派财务总监的薪酬人事关系隶属于母公司对上市公司短期过度负债的影响

从表5-6第（3）列与第（4）列的回归结果来看，当集团母公司控制委派财务总监的薪酬人事关系时，能够显著降低上市公司的短期过度负债水平，这进一步说明了委派财务总监制度对过度负债的治理效果关键取决于委派财务总监的激励约束机制的设计，假设5-3成立。为了控制财务总监委派制度相关的三个变量之间的相互影响，本书将人员控制的三个变量同时纳入模型（5-2）中进行回归，得出的结论与将这三个变量分别纳入回归模型中得出的结论一致，结果都显示，仅仅委派财务总监或者允许委派的财务总监进入上市公司董事会都不能降低上市公司的过度负债水平，只有当委派财务总监的薪酬人事关系由母公司控制时，才能够显著降低上市公司的短期过度负债水平。从控制变量的回归结果中可以发现，成长性（GROWTH）高的企业短期过度负债水平更低，这可能是因为成长性高的企业需要的长期投资更多，其对长期负债融资的需求更多，而短期负债增加了成长性高企业的短期还债压力，使其降低了对短期负债的需求，进而降低了其短期过度负债水平。盈利能力（ROA）强的企业，短期过度负债水平更低，这符合优序融资理论的预期，企业规模（SIZE）与企业短期过度负债存在显著的正相关关系，非债务税盾收益（NDTS）与短期过度负债水平之间存在显著的负相关关系，这与长期过度负债得出的结论具有一致性。管理层持股比例（MANAOWN）与企业短期过度负债水平显著正相关，说明管理层持股提高了上市公司的过度负债风险。该部分的研究验证了假设5-3，而假设5-1与假设5-2并未得到验证。这说明人员控制对过度负债治理效果的实现关键取决于对委派财务总监的激励和约束机制的设计，该结论能够为集团母公司实施财务总监委派制度过程中的具体制度设计提供参考。

5.3.4 进一步分析

尽管人员控制对上市公司过度负债具有显著的治理效应，但是其对不同特征上市公司的治理效应可能存在一定的差异。Chang et al.（2014）发现，盈利性是影响企业资产负债率的最核心指标，其影响力度也是最大的，而且盈利性对中国企业资产负债率的影响力度比对美国企业的影响更大，因为中国企业存在着融资限制，内部资金积累对企业负债的影响非常重大。其次是成长性指标，成长性指标往往代表着企业面临投资机会的大小以及风险大小。成长性是决定企业债务融资需求以及银行债务资金供给的关键因素。因此，接下来将按照上市公司的盈利性与成长性，区分不同盈利性和成长性企业，研究人员控制对上市公司过度负债的影响。

（1）母公司人员集中控制与上市公司过度负债——基于盈利能力的分组检验

从企业债务融资需求方面来看，优序融资理论认为，业绩较好的公司拥有更加充裕的内部现金流以支持其投资机会，因此其对外部债务融资的需求较小，发生过度负债的概率较低，Chang et al.（2014）、何捷等（2017）的研究证实了这一点。而从银行供给方面来看，企业业绩是银行提供资金支持的重要影响因素，企业业绩越好，未来发生债务违约的可能性越低，陷入财务困境的概率越低。相反，盈利能力弱的企业内部自由现金流不足以支持其投资机会，为了满足投资需求，其外部借债的需求较高，但是这类企业的盈利性差，导致其偿还债务的能力不足，出现过度负债以及陷入财务困境的概率都更高。因此，本书认为，盈利能力弱的企业是造成集团整体财务危机的重要根源，对这类企业过度负债的治理是母公司财务控制的重点。因此，本书进一步将样本公司按照上市公司所在行业年度盈利性（ROA）中位数，分为盈利能力强和盈利能力弱两组进行回归，分别研究母公司人员集中控制对不同盈利能力企业过度负债的影响，具体回归结果分别见表5-7和表5-8。

表5-7 人员控制对上市公司长期过度负债的影响——基于盈利能力的分组检验

变量	盈利能力弱	盈利能力强
PA	-0.021 (-0.46)	0.000 (0.00)
PB	-0.028 (-1.12)	-0.005 (-0.24)
PC	-0.038* (-1.67)	-0.022 (-1.08)
IND_LEV	0.038 (0.04)	3.660 (0.06)
FATA	0.106* (1.86)	0.008 (0.13)
GROWTH	0.015 (0.40)	0.025 (0.48)
SIZE	-0.017** (-2.41)	0.001 (0.16)
SHRCR1	0.000 (0.78)	-0.000 (-0.64)
NDTS	-0.878 (-1.57)	-0.458 (-0.76)
ETR	-0.031 (-1.21)	0.083 (0.91)
MANAOWN	-0.278 (-1.18)	0.226 (1.13)
行业	控制	控制
年份	控制	控制
样本量	204	168
$AdjR^2$	0.214	0.159

注：***、**、*分别表示1%、5%、10%的显著性水平。

表5-8 **人员控制对上市公司短期过度负债的影响——基于盈利能力的分组检验**

变量	盈利能力弱	盈利能力强
PA	-0.084 (-0.12)	1.139 (0.81)
PB	0.054 (0.11)	-0.429 (-0.53)
PC	-0.364 (-0.84)	-1.707*** (-2.74)
IND_LEV	4.140*** (4.57)	4.277*** (2.83)
FATA	-0.331 (-0.32)	5.440*** (2.61)
GROWTH	-7.356*** (-5.80)	-5.917*** (-2.63)
SIZE	0.284*** (2.68)	0.457** (2.43)
SHRCR1	-0.006 (-0.52)	-0.015 (-0.88)
NDTS	-11.994 (-1.09)	-10.547*** (-3.79)
ETR	-0.586 (-1.06)	1.738 (0.65)
MANAOWN	28.533 (1.42)	4.585 (1.03)
行业	控制	控制
年份	控制	控制
样本量	351	319
$PseuR^2$	0.2144	0.2939

注：***、**、*分别表示1%、5%、10%的显著性水平。

表5-7和表5-8显示了人员控制对不同盈利能力企业长期过度负债与短期过度负债影响的回归结果。从表中可以看出，当委派财务总监的薪酬人事关系由集团母公司控制时，能够显著降低盈利能力弱企业的长期过度负债水平，能够显著降低盈利能力强的企业的短期过度负债水平。这可能是因为：一方面，盈利能力强的企业，尽管拥有充足的内部现金流，但其保存盈利以应对未来风险的动机更强，因此，其更有动机利用短期借款来应对未来风险可能对企业长期借债能力产生的影响。另一方面，盈利能力强的企业内部现金流产生的代理问题更加严重，而现有研究发现，相比长期借款，短期借款的治理效果更加明显，因此，盈利能力强的企业更有可能试图通过大量的短期借款发挥债务的治理效应，同时也更可能出现短期过度负债问题。从长期过度负债的角度来看，盈利能力弱的企业，内部现金流不足，进行短期借款的动机更弱，而且短期贷款的还款压力较大，盈利能力弱的企业不愿意进行短期借款。同时，由于其未来发生债务违约的风险更高，银行不愿意对其提供短期贷款，但是由于这类企业未来的投资机会可能更好，因此更容易获得长期贷款，出现长期过度负债的可能性更高。为了避免盈利能力弱企业可能产生的过度负债风险，母公司将对该类子公司实施重点控制。

（2）母公司人员集中控制与上市公司过度负债——基于成长性的分组检验

现有研究认为，成长性也是影响企业负债能力以及负债需求的重要因素。成长性高的企业面临着更多的外部投资机会，但是其自身的盈利能力较差，导致其内部现金流支持外部投资机会的能力更弱，因此存在着较强的外部债务融资需求。但是由于成长性高的企业面临的债务融资风险较高，因此其获得长期债务融资的能力更弱，其更有可能获得短期借款，更有可能出现短期过度负债。因此，本书认为人员集中控制能够在一定程度上降低成长性高企业的短期过度负债。按照上市公司成长性指标的行业年度中位数将上市公司区分为成长性高与成长性低两组，分别检验人员集中控制对不同成长性企业过度负债的影响，具体回归结果分别见表5-9和表5-10。

表5-9 **人员控制对上市公司长期过度负债的影响——基于成长性的分组检验**

变量	成长性低	成长性高
PA	0.016 (0.31)	0.045 (0.50)
PB	-0.017 (-0.65)	0.024 (1.34)
PC	-0.042* (-1.95)	-0.008 (-0.47)
IND_LEV	-0.062 (-0.00)	19.802 (0.31)
FATA	0.007 (0.12)	0.002 (0.04)
GROWTH	-0.528*** (-4.21)	-1.033*** (-4.94)
SIZE	-0.015** (-2.33)	-0.001 (-0.14)
SHRCR1	-0.000 (-0.58)	0.001** (2.58)
NDTS	-0.975* (-1.73)	0.092 (0.16)
ETR	-0.011 (-0.32)	-0.002 (-0.06)
MANAOWN	-0.201 (-1.07)	0.204 (0.98)
行业	控制	控制
年份	控制	控制
样本量	190	182
$AdjR^2$	0.277	0.280

注：***、**、*分别表示1%、5%、10%的显著性水平。

表5-10　人员控制对上市公司短期过度负债的影响——基于成长性的分组检验

变量	成长性低	成长性高
PA	-0.645 (-0.72)	0.302 (0.27)
PB	0.827 (1.36)	0.070 (0.10)
PC	0.374 (0.70)	-1.283** (-2.19)
IND_LEV	4.484*** (3.90)	1.113 (0.72)
FATA	-0.650 (-0.50)	4.091** (2.43)
GROWTH	-64.067*** (-7.43)	-44.846*** (-5.14)
SIZE	0.429*** (3.15)	0.275 (1.64)
SHRCR1	-0.022 (-1.62)	-0.003 (-0.22)
NDTS	-34.772** (-2.36)	-65.795*** (-3.21)
ETR	-0.804 (-1.06)	1.265 (1.36)
MANAOWN	24.594* (1.68)	20.906* (1.91)
行业	控制	控制
年份	控制	控制
样本量	358	333
$PseuR^2$	0.4662	0.3436

注：***、**、*分别表示1%、5%、10%的显著性水平。

从表5-9和表5-10中可以发现，当委派财务总监的薪酬由集团母公司控制时，能够显著降低成长性高企业的短期过度负债水平，能够显著降低成长性低企业的长期过度负债水平。成长性高的企业往往面临着更多的投资机会，同时也面临更高的风险，因此其获得长期借款的能力更弱，其短期过度负债的可能更高。但从长期来讲，成长性高的企业未来投资回报更高，未来企业现金流更加充裕，因此长期过度负债水平更低。而成长性低的企业，往往是成熟型企业，其面临的投资机会更少，未来出现财务危机的可能性更高，因此，人员控制更加关注对成长性低企业长期过度负债的治理效应。

综合以上两个方面的研究结论可以发现，从短期来看，人员集中控制发挥治理效果的企业主要集中在盈利能力强与成长性高的企业中，因为盈利能力强的企业更有动机储存盈余以应对未来的融资风险，所以未来出现长期过度负债的概率更低。另外，盈利能力强的企业内部现金流产生的代理问题可能更加严重，而相比长期借款，短期借款对自由现金流产生的代理问题发挥的监督效应更强，因此，盈利能力强的企业更有可能出现短期过度负债。另外，成长性高的企业在短期内对资金的需求更高，而且出现短期债务违约的风险更高，更有可能出现短期过度负债，但从长期来看，其投资的回报率较高，未来的现金流更充裕，长期过度负债的可能性更小。由此可见，母公司财务控制对子公司过度负债的治理效应主要集中在过度负债风险较高的企业中，这符合财务控制制度的成本收益原则。

5.3.5 稳健性检验

由于母公司财务控制方式的具体设计与上市公司过度负债之间并不存在较强的内生性问题，因此母公司财务控制制度的设计受上市公司过度负债的影响不大，而且相比于其他制度，财务控制对于集团企业来讲是非常重要的，财务控制是集团母公司控制上市公司的核心途径，该制度的设计受外生变量的影响较小。但有关过度负债的度量是本书研究的关键，因此在稳健性分析中，本书主要是从过度负债的不同度量方式出发，对本书的结论进行稳健性检验。

（1）人员控制对长期过度负债的影响——改变长期过度负债的度量方式

现有研究发现，企业会根据同行业资产负债率的平均水平或中位数水平制定自身的资产负债率水平。比如，陆蓉等（2017）研究发现，相比于企业自身特征因素，行业资产负债率平均水平对企业资产负债率的影响更大、更显著，这造成了许多行业扎堆借债的现象。因此，本书将企业实际负债率超过行业负债率均值或中位数的部分作为过度负债的度量指标，研究人员控制对过度负债的影响，具体结果分别见表5-11与表5-12。

表5-11 人员控制对长期过度负债的影响回归结果——以行业均值为目标负债率

变量	(1)	(2)	(3)	(4)
PA	0.054 (1.58)			0.109 (1.13)
PB		-0.003 (-0.22)		-0.050*** (-3.04)
PC			-0.022*** (-2.70)	-0.049*** (-3.16)
IND_LEV	0.293 (0.00)	0.266 (0.00)	0.227 (0.00)	0.154 (0.00)
FATA	0.067 (1.50)	0.060 (1.34)	0.063* (1.95)	0.072 (1.63)
GROWTH	-0.035 (-1.03)	-0.030 (-0.86)	-0.027 (-1.03)	-0.035 (-1.02)
ROA	-0.609*** (-5.29)	-0.586*** (-5.04)	-0.792*** (-9.77)	-0.584*** (-5.12)
SIZE	0.015*** (2.59)	0.014** (2.32)	0.038*** (11.71)	0.016*** (2.75)
SHRCR1	-0.001** (-2.22)	-0.001** (-2.51)	-0.001*** (-3.58)	-0.001** (-2.50)
NDTS	-1.034** (-2.46)	-0.966** (-2.28)	-0.704** (-2.17)	-1.184*** (-2.84)
ETR	-0.067** (-2.08)	-0.072** (-2.23)	-0.096*** (-4.35)	-0.067** (-2.12)
MANAOWN	-0.008 (-0.06)	0.012 (0.09)	-0.038 (-0.31)	-0.045 (-0.36)
行业	控制	控制	控制	控制
年份	控制	控制	控制	控制
样本量	715	715	715	715
$AdjR^2$	0.397	0.386	0.343	0.413

注：***、**、*分别表示1%、5%、10%的显著性水平。

表5-12 **人员控制对长期过度负债的影响回归结果——以行业均值为目标负债率**

变量	(1)	(2)	(3)	(4)
PA	0.068 (0.81)			0.125 (0.95)
PB		0.004 (0.45)		−0.046*** (−3.94)
PC			−0.020** (−2.52)	−0.054*** (−5.21)
IND_LEV	0.489 (0.00)	0.491 (0.00)	0.468 (0.00)	0.362 (0.00)
FATA	0.074** (2.27)	0.072** (2.18)	0.069** (2.12)	0.080** (2.48)
GROWTH	−0.041 (−1.56)	−0.034 (−1.28)	−0.027 (−1.04)	−0.037 (−1.43)
ROA	−0.844*** (−10.38)	−0.825*** (−10.00)	−0.798*** (−9.72)	−0.757*** (−9.27)
SIZE	0.038*** (11.55)	0.037*** (11.27)	0.036*** (11.01)	0.036*** (11.09)
SHRCR1	−0.001*** (−3.02)	−0.001*** (−3.07)	−0.001*** (−3.17)	−0.001*** (−3.45)
NDTS	−0.785** (−2.41)	−0.763** (−2.31)	−0.747** (−2.28)	−0.854*** (−2.66)
ETR	−0.091*** (−4.06)	−0.095*** (−4.23)	−0.095*** (−4.25)	−0.090*** (−4.11)
MANAOWN	−0.085 (−0.68)	−0.059 (−0.47)	−0.064 (−0.51)	−0.137 (−1.11)
行业	控制	控制	控制	控制
年份	控制	控制	控制	控制
样本量	715	715	715	715
$AdjR^2$	0.357	0.344	0.349	0.380

注：***、**、*分别表示1%、5%、10%的显著性水平。

表5-11为以资产负债率的行业均值作为目标负债率计算得出过度负债，然后用人员控制变量对其进行回归后得出的结果。从表中可以发现，得出的结论与主检验中得出的结论一致。即只有当委派财务总监的薪酬由母公司控制时，委派财务总监才能发挥积极监督作用，显著降低了上市公司的过度负债水平，而仅仅委派财务总监并不能降低上市公司的过度负债水平，这可能是因为当与委派财务总监相关的激励约束机制不完善时，会产生委派财务总监与集团母公司之间新的委托代理问题，进而降低了监督效果。当委派财务总监进入上市公司董事会时，能够在一定程度上降低上市公司的过度负债水平，在单独回归模型中并不显著。但是，当将所有的人员控制变量纳入回归模型时，委派财务总监进入董事会能够显著降低上市公司的过度负债水平。稳健性检验的结果与主回归模型检验结果具有较高的一致性，说明本书的研究结论具有稳定性。

表5-12为以过度负债行业中位数作为企业目标负债率计算得出过度负债水平，然后用人员控制变量对其进行回归后得出的结果。根据表中的回归结果可以发现，委派财务总监薪酬由母公司控制能够显著降低上市公司的过度负债水平，这进一步验证了本书主检验得出的回归结果。委派财务总监进入上市公司董事会能够在一定程度上降低过度负债水平，但是并不显著。

通过以上三种计量方式得出的回归结果表现出较高的一致性，这说明本书的研究结论具有一定的稳定性，人员控制能够降低上市公司过度负债水平，但是前提条件是与委派财务总监相关的薪酬人事关系由母公司控制，单独的财务总监委派制度以及委派财务总监进入上市公司董事会都不能显著降低上市公司的过度负债水平。

（2）人员控制对短期过度负债的影响：改变短期过度负债的度量方法

借鉴陆正飞等（2015）的研究方法，改变短期过度负债的临界值，当企业利息覆盖率低于2.5时，将其确定为短期过度负债，以此样本研究人员控制对短期过度负债的影响，结果见表5-13。从表中可以看出，委派财务总监薪酬由母公司控制能够显著降低上市公司的过度负债水平，这与长期过度负债得出的结论具有一致性，进一步证明了人员控制成功与否的关键决定因素是与委派财务总监相关的激励和约束机制的设计。这与本书主检验得出的结论是一致的。

表5-13　人员控制对短期过度负债的影响回归结果

变量	(1)	(2)	(3)	(4)
PA	-0.431 (-0.93)			-0.183 (-0.33)
PB		0.469 (1.00)		0.134 (0.39)
PC			-0.690*** (-3.28)	-0.604** (-2.05)
IND_LEV	-8.393 (-0.42)	-9.343 (-0.47)	-14.926 (-0.75)	-14.304 (-0.72)
FATA	0.900 (1.03)	0.724 (0.83)	0.891 (1.01)	0.854 (0.96)
GROWTH	-4.414*** (-5.17)	-4.420*** (-5.16)	-4.251*** (-4.94)	-4.242*** (-4.93)
ROA	-34.059*** (-8.79)	-34.850*** (-8.94)	-33.343*** (-8.58)	-33.567*** (-8.52)
SIZE	0.327*** (3.86)	0.328*** (3.87)	0.299*** (3.48)	0.301*** (3.49)
SHRCR1	-0.010 (-1.19)	-0.007 (-0.84)	-0.009 (-1.16)	-0.009 (-1.10)
NDTS	-38.108*** (-4.03)	-37.199*** (-3.94)	-38.589*** (-4.03)	-38.356*** (-3.99)
ETR	0.123 (0.24)	0.183 (0.35)	0.116 (0.22)	0.116 (0.22)
MANAOWN	14.802** (2.46)	15.706*** (2.59)	15.526** (2.48)	15.726** (2.51)
行业	控制	控制	控制	控制
年份	控制	控制	控制	控制
样本量	704	704	704	704
$PseuR^2$	0.316	0.319	0.327	0.327

注：***、**、*分别表示1%、5%、10%的显著性水平。

5.4 主要结论

本章利用财务总监委派制度作为人员控制的替代变量，研究了中央企业集团母公司人员控制对上市公司过度负债的影响，结果发现，人员控制能够在一定程度上抑制上市公司的过度负债行为，但是人员控制发挥治理效应的关键成功因素是委派财务总监的薪酬人事关系由母公司控制，当集团母公司仅仅向上市公司委派财务总监时，并不能够降低上市公司的过度负债水平，当委派的财务总监进入上市公司董事会时，能够在一定程度上降低上市公司的过度负债，但是并不显著，而当委派财务总监的薪酬人事关系由母公司控制时，能够显著降低上市公司的过度负债水平，这一结论对长期过度负债和短期过度负债均成立。这说明母公司人员控制对过度负债具有一定的治理效果，但是人员控制治理效果的发挥还需要有效的激励约束机制与之相匹配。另外，考虑到企业自身特征也可能会对人员控制的治理效果产生差异化影响，且现有研究发现盈利能力和成长性是影响我国企业债务融资的关键因素，因此，本章进一步区分不同盈利能力与成长性企业，研究过度负债对不同特征上市公司过度负债的影响。结果发现，从短期过度负债来看，人员控制的治理效应主要集中在盈利能力强与成长性高的企业中；从长期过度负债来看，人员控制的治理效应主要集中在盈利能力弱与成长性低的企业中。

第 6 章

过程控制对上市公司过度负债影响的实证研究

过程控制是财务控制的直接控制对象，主要包括：资金集中控制与信息集中控制。首先，资金作为子公司最重要的财务资源，是导致许多财务问题的关键，比如资金管理使用不善导致资金投入高风险项目、侵占挪用资金等。资金集中控制能够对子公司资金的使用范围进行严格限制，进而实现母公司对子公司资金的集中监管。其次，财务信息作为企业最重要的信息，财务信息共享中心的建立一方面能够保证财务信息在母子公司之间实现共享，保证财务信息的可比性、及时性与可靠性，最大程度地降低信息不对称，同时还能够加强上下级公司之间、同级公司之间的相互监督，降低子公司经理的机会主义行为；另一方面，财务信息共享中心的建立能够实现财务与业务的融合，充分发挥财务信息在业务决策中的作用，提高母子公司的经营效率，增加内部自由现金流量，降低外部资金需求，降低财务困境风险。财务信息共享中心的建立不仅为集团母公司展现了子公司更加全面而丰富的信息，而且可以帮助母公司分析预测子公司的财务行为、提前预警，从而可以大大加强集团母公司对子公司债务融资的管控力度（张克慧、牟博佼，2012）。

6.1 理论分析与研究假设

6.1.1 资金集中控制与上市公司过度负债

资金集中控制是指母公司在企业集团战略目标的指引下，依靠资本纽带或契约纽带等，通过控制或参与成员单位的资金经营和决策过程，达到聚集资金资源，实现资金安全与增值的管理方法（陆正飞、张会丽，2011）。自Alchian（1969）和Williamson（1975）提出“内部资本市场”的概念以来，内部资本市场理论已经发展成为理解企业内部资金配置与集团资金集中管理的重要基础理论。有关内部资本市场效率的研究主要存在两种截然不同的观点：一种观点认为，内部资本市场能够促使企业将资金配置到效应好的项目中，进而实现“活钱效应”（smarter-money effect），同时，内部资本市场的建立能够提高成员企业的外部融资能力，进而产生“多钱效应”（more-money effect）。另一种观点认为，内部资本市场的建立促使了内部经理之间的寻租行为，影响了集团决策，降低内部资源配置效率，金字塔结构还有可能成为大股东掏空的手段。

目前，财务公司已成为我国企业集团实施资金集中控制的主要形式。2014年10月28日，国资委联合银监会发布《关于中央企业进一步促进财务公司健康发展的指导意见》（以下简称《意见》）。《意见》指出，中央企业应以财务公司为资金归集载体，发挥财务公司在集团内部的资金归集与结算、资金监控与金融服务平台功能，提升资金配置效率，降低资金使用风险。现有关于集团财务公司的研究发现，财务公司能够把集团内部不同部门的资金进行统一集中管理，进而实现集团内部资金共享，产生“多钱效应”（more-money effect）和“活钱效应”（smarter-money effect）（Stein，1997）。其中，多钱效应是指财务公司通过将内部不同部门的资金进行归集，实现资金的规模经济效应，同时还能够提高集团获取外部信贷资金的能力。活钱效应是指财务公司将集团成员单位资金集中管理，能够提升资金的配置效率，降低财务风险。

另外，财务公司还可以为集团成员单位提供投融资方案设计、风险评估、财务咨询以及与集团成员融资谈判等金融服务和财务管理服务（吴秋生、黄贤环，2017），降低集团子公司的财务风险与过度负债风险。王超恩等（2016）认为，财务公司的设立能够在一定程度上降低集团母公司与上市公司之间的信息不对称，使得母公司能够更加准确、及时地了解子公司的财务状况和财务风险，进而实现对子公司财务风险的控制。通过阅读《中国企业集团财务公司年鉴》了解到：截至2016年，我国中央企业集团几乎全都建立了自己的财务公司，资金集中度也正呈现出明显的上升趋势，财务公司已经成为中央企业集团实现资金集中管控的重要途径。因此，本书认为财务公司的设立对集团内部资金配置效率的提高以及资金使用风险的集中管控发挥了积极作用，于是，本书提出如下假设：

假设6-1：其他条件一定的前提下，财务公司的资金集中度越高，上市公司的过度负债水平越低。

6.1.2 信息集中控制与上市公司过度负债

企业信息的种类包括财务信息与非财务信息，而财务信息控制是母公司实现对上市公司信息控制最普遍且关键的控制方式。信息控制的方式主要有两种：第一种，将财务控制嵌入企业管理信息系统之中，实现业务、财务控制一体化与集成化，进而确保信息处理的及时性、动态性和准确性；第二种，建立公司的管理报告体系，定期将公司的经营报告、财务报告和市场报告报送集团母公司，以便让母公司及时了解子公司的经营状况并对其风险进行及时控制。相比于第二种控制方式，第一种控制方式的成本更低、效率更高，因此，目前该种控制方式在企业中得到了更广泛的推广，其在企业中的具体表现形式为“财务信息共享中心”。

20世纪80年代，以福特、杜邦、通用为首的大型跨国企业集团推出了财务共享服务中心（financial shared service center，FSSC），FSSC凭借其在控制成本、加强内控、提升客户满意度方面的积极效应，迅速赢得了企业的青睐（Moller，1997）。据统计，世界500强中有超过85%的企业建立了财务信息共享中心，我国许多大型企业集团，例如中兴通讯、联想、海尔、中国电信等都充分利用自身技术优势，建立了财务信息共享中心（熊磊，2015）。Bergeron（2003）在对财务共享案例进行分析的基础上，提炼出财务共享服务的概念，即专门为母公司的内部顾客提供低成本、高效率、有价值的服务，并能够强化企业集团的财务管理能力，进而提升企业价值。财务共享能够将财务与财务、财务与业务紧密结合在一起，这样既可以提高工作效率，还可以促使业务信息及时、准确地转化为财务信息，进而对企业的经济业务进行实时监控，做到对经营风险与财务风险的动态把控（张瑞君等，2010）。

另外，财务信息共享中心的建立能够实现整个集团内部的资源与信息共享，降低信息不透明程度，加强集团子公司之间、母公司与子公司之间的相互监督，最大程度地减少各级代理人的机会主义行为。同时，财务信息共享中心的建设能够确保集团战略的执行，保证集团成员企业在统一的规则下运作，达成信息的一致性、可比性与有效性，降低委托人与代理人之间的利益冲突，强化了企业战略协同效应，确保集团总体战略的执行与实现，同时也能够确保母公司风险管理制度的落实，进而为集团可持续价值创造提供条件。

目前，我国很多企业集团虽然大多建立了信息系统，实现了会计电算化，或者实现了财务业务集成（ERP系统），但是整个价值链上的信息集成仍然缺失，这就会带来信息控制的失效（张瑞君等，2007）。通过对我国企业集团信息控制的发展历程进行总结后发现，我国企业集团的财务信息控制大概经历了三个阶段：财务统一阶段—财务集中阶段—财务共享阶段。值得注意的是，财务集中与财务共享存在较大的差别，财务集中更多的是强调财务信息的搜集与集中控制，而财务共享更多的是强调信息的共享与共用，因此财务共享对企业人员、技术方面的要求更高，信息效率与效果也更高（何瑛、周访，2013）。

随着精细化管理会计工具的应用，企业对准确、实时数据信息的需求也越来越高。已有研究发现，信息集中控制能够提升企业信息的准确性、完整性、及时性和透明性（Davenport，2000；Chapman and Kihn，2009）。而实现信息集中控制的重要途径就是ERP系统的实施，因此，现有关于

ERP实施对财务控制系统的影响得到了广泛的研究。纳鹏杰等（2012）利用企业是否实施ERP系统作为信息集中控制的替代变量，研究发现信息集中控制能够降低上市公司自由现金流引起的代理问题。但亦有研究发现ERP系统对财务控制系统并没有产生显著的影响（Booth et al.，2000；Granlund and Malmi，2002；Rom and Rohde，2006）。孙健等（2017）认为，之所以得出不一致结论的重要原因可能是：上述研究均将实施ERP系统作为企业信息集中控制的替代变量，然而由于ERP实施水平的参差不齐，ERP系统的实施并不表明信息系统得到了很好的集中与整合（刘丽文、黄燃东，2002）。

近年来，国资委和财政部出台了一系列文件要求各级国有企业加强信息系统的投资建设，而信息系统（如ERP）造价高昂、建设周期长，因此，国有企业可能更有能力和资源保证信息系统的投资、建设与实施，这也为本书研究中央企业的信息集中控制效果提供了机会。调查报告的数据显示，我国中央企业均实现了信息系统的建设，但是，孙健等（2017）的研究结论显示，不同企业尽管实施了信息系统的建设与集中控制，但是信息集中控制的效果不同。另外，通过对中央企业总会计师的问卷调查和实地访谈发现，我国中央企业均建立了信息集中控制系统，但是建立财务信息共享中心的企业并不多见。而财务信息作为企业最核心、最关键的信息，是信息集中控制的重要内容。财务信息为企业的经营决策提供了支撑，财务信息集中控制能够在很大程度上减少母公司与子公司之间由于信息不对称导致的机会主义行为。

通过对现有信息集中控制的文献进行总结后发现，目前我国大多数企业采用的还是以ERP为基础的信息集中控制，而建立财务信息共享中心的企业并不多见。有关财务共享服务的理论基础主要包括以交易成本为出发点的契约理论、以优化资源配置为出发点的核心能力理论、以流程效率为出发点的流程再造理论，现有研究大多从契约理论与核心能力理论出发，采用规范研究与案例研究的方法对财务共享问题进行研究，实证研究非常罕见。本章采用实证研究方法，试图从过度负债视角，对财务信息共享中心建设效果进行检验。因此，本书提出以下假设：

假设6-2：其他条件一定的前提下，建立财务信息共享中心的企业集团，上市公司的过度负债水平更低。

6.2 研究设计

6.2.1 过程控制变量的度量

(1) 资金集中控制的度量

本书所指的资金集中控制，是指在企业集团内部对资金的管理和控制权是集中在母公司还是分散在子公司，如果对资金的管理和控制权集中在母公司，则认为集团实施了资金集中控制。有关资金集中控制的模式主要有财务公司、资金统一结算中心与资金池等。纳鹏杰等（2012）采用集团是否建立了财务公司作为集团资金集中控制的替代变量，他们认为财务公司作为集团内部资本市场，对集团内部资金配置发挥着重要作用。通过财务公司将各分部的资金实行统一管理，一方面能够实现资金的规模效益，另一方面也能够控制下属企业的财务风险，增强集团对财务风险的抵御能力。徐习兵（2012）通过问卷调查的方式对集团是否建立了资金统一结算中心进行了解，他认为财务公司的建立受到政策监管部门以及集团自身能力的限制，并不是所有的集团企业都可以或者是有能力建立财务公司，资金统一结算中心同样可以实现对资金的集中控制。王实（2016）利用子公司现金持有量占集团整体现金的比例作为集团资金集中控制的替代变量，研究了资金集中控制对EVA实施效果的影响，结果发现，资金集中控制能够显著提升集团EVA的实施效果，提高了中央企业集团的研发支出。李向红（2013）认为，现有文献都强调了资金集中管理的必要性、资金集中管理模式、资金集中管理的实施策略等方面的问题，并从不同层面阐述了资金集中控制的理论基础、实施策略与模式，对实践进行了很好的总结，但是，还存在以下不足：第一，仅对资金集中控制的模式进行了介绍，忽视了资金集中控制整体框架建设；第二，在研究方法上多以描述性表述为主，采用案例研究的方式介绍了资金集中控制的经验，缺乏数理模型的支持；第三，在资金集中控制效果的检验方面，大多采用是否成立财务公司或子公司现金占集团总资金的比例等间接指标对资金集中度进行度量，鲜有文献采用最直接的资金集中度指标进行研究。

因此，本书将采用数理模型的方法，以央企上市公司作为大样本研究对象，利用财务公司资金集中度数据，研究资金集中控制对央企上市公司过度负债的影响。之所以选择财务公司这一资金集中控制方式是因为，《中国企业集团财务公司年鉴2016》的数据显示：截至2016年，全国财务公司共220家，其中中央国有企业集团财务公司109家，占比49.55%，中央企业集团财务公司数量在财务公司总数中占据几乎半数的比例。此外，通过阅读《中国企业集团财务公司年鉴2016》发现，截至2016年，我国中央企业集团均建立了自己的财务公司，且不同集团财务公司在资金集中控制方面存在很大的差异。与之前的研究仅以是否建立财务公司作为资金集中控制的替代变量相比，采用财务公司资金集中度数据更加合理，且能体现出财务公司资金集中控制的差异。

资金集中度是反映企业集团通过财务公司进行资金集中管理成效及能力的一项重要指标，这一指标是监管部门进行企业集团财务公司风险评价、对企业集团财务公司进行非现场监管、审批企业集团财务公司新业务时统计参考的重要指标。该指标的计算公式为：资金集中度=财务公司各项存款（不含委托资金）/（集团合并报表货币资金+财务公司各项存款-财务公司存放同业款项-财务公司存放央行款项）。其中，分子反映的是成员单位在财务公司的存款余额，分母反映的是由集团合并报表资金剔除财务公司数据所得到的集团合并货币资金，也称为集团合并货币资金。于富生等（2008）认为，随着财务公司的发展，集团开始将预算监督权、投融资决策参与权、风险管理实施权等逐步赋予财务公司，从而促进资金配置效率的提升与财务风险的下降。

谢建宏（2009）指出，资金集中管理是集团财务决策力和控制力的基本体现，是集团战略落实的保障。第一，财务公司是企业集团集中管理资金、集中配置资源的平台。第二，财务公司是企业集团监控现金流、强化预算管控的有效手段。第三，财务公司为集团的统一投融资提供了平台。第四，财务公司为集团进行风险统一管控提供了有效途径。财务公司具有对集团资金和市场情况的信息优势，可以进行风险预警、对冲和分散等，进而有效规避和化解集团各类风险。第五，财务公司为集团战略的实施提供了保障。与银行等金融部门不同，财务公司产生并服务于集团内部，它需要根据集团整体经营、财务战略，通过对资金流向进行控制的方式，为集团管理决策提供支持，并以资金配置的方式保障集团战略目标的落实。然而，目前我国财务公司大多扮演着司库型财务公司的角色，其主要职能是资金归集、统一结算和部分融资功能，有些财务公司的资金集中度已经达到了相当高的水平。但是要进一步提高财务公司的运营效率，就必须加强资金管控和金融服务功能，为集团拓展融资渠道，进行多元化投资与集中风险管控。由此可见，财务公司的天然属性就是资金集中管理，而且这里的资金集中管理不仅仅包括资金的集中控制，还包括对所有有关资金使用问题的管控，包括企业的投融资管理。

因此，本书认为，资金集中度是一个综合指标，它既能够反映集团对资金的集中控制程度，也能够反映集团对资金统一调度、集中配置与资金风险管控的能力。作者通过阅读各年《中国企业集团财务公司年鉴》，手工搜集整理出集团财务公司资金集中度数据，由于中央企业全部建立了财务公司，而且财务公司的数据公布至2015年（《中国企业集团财务公司年鉴2016》中公布的数据是2015年财务公司的数据），因此，本书选择中央企业集团2011—2015年的资金集中度数据。

（2）信息集中控制的度量

纳鹏杰等（2012）研究发现，ERP财务信息化能够更好地实现报告管控和预算控制，有了及时的信息化，预算控制等其他财务控制的目标才能够实现，同时信息集中控制能够加强对应收账款的管理，提高企业资金回收效率与经营效率，降低坏账资金与企业偿债风险。另外，信息集中控制能够使集团公司的运营更加规范化、流程化、透明化，集团控制上市公司难以占用其资金，提高资金使用效率，降低资金偿还风险，便于母公司更加及时地了解上市公司财务状况。现有研究大多利用集团是否建立了ERP信息系统作为集团是否实施信息集中控制的替代变量，但是ERP信息系统的实施水平参差不齐，这种未考虑不同公司之间ERP实施水平差异而得出的结论可能会存在一定的偏误。

另外，目前我国中央企业集团均建立了以ERP为代表的集团信息集中控制系统，如果仅仅用是否实施ERP系统作为信息集中控制的替代变量不能够体现不同集团之间信息化建设的差异。孙健等（2017）采用问卷调查的方式，获取了有关中国国有企业信息系统集中控制的信息。还有研究采用《中国企业信息化500强》公布的排名作为企业集团信息集中控制的替代变量。刘文锦（2012）认为，建立一个完善的财务信息系统不仅能够保障大型集团公司与外界的持续联系，还是实施财务控制的最佳手段。通过强化信息化建设，并加大集团财务控制力度，能够有效解决集团内部成员之间的合作、协调问题，进而提高集团整体效率（穆林娟、崔学刚，2011）。

有关母公司是否建立了财务信息共享中心的数据是通过访谈获取的。通过对央企总会计师的访谈对中央企业集团母公司是否建立了财务信息共享中心以及财务信息共享中心的成立时间进行了了解。财务信息作为企业集团中最关键的核心信息，对于集团资金配置、投融资决策具有重要的支撑作用。财务信息共享中心的建设还能够加强企业财务资金流与业务流之间的联系，让企业及时掌握业务中涉及的财务信息，实现业财融合，进而帮助集团更好地协调财务风险与经营风险。因此，本书将利用中央企业集团是否建立财务信息共享中心的信息作为集团信息集中控制的替代变量，研究财务信息共享中心建设对上市公司过度负债的影响。

6.2.2 模型设计

为了检验母公司过程控制（资金集中控制与信息集中控制）对上市公司过度负债的影响，本书借鉴 Harford et al.（2009）、Coricelli et al.（2010）、Denis and Mckeon（2012）、陆正飞等（2015）的研究，设计如下模型，分别从长期过度负债与短期过度负债视角，研究母公司过程控制对上市公司过度负债的影响。

$$
\begin{aligned}
OVERLEV_{i,t} = {} & \beta_0 + \beta_1 PRC_i + \beta_2 ROA_{i,t} + \beta_3 IND\_LEV_{i,t} + \beta_4 GROWTH_{i,t} + \beta_5 FATA_{i,t} + \\
& \beta_6 SIZE_{i,t} + \beta_7 SHRCR1_{i,t} + B_8 NDTS_{i,t} + \beta_9 ETR_{i,t} + \beta_{10} MANAOWN_{i,t} + \\
& INDUSTRY + YEAR + \varepsilon
\end{aligned}
\tag{6-1}
$$

$$\text{Logit (EXINTR\_dum)} = \gamma_0 + \gamma_1 PRC_i + \gamma_2 IND\_LEV_{i,t} + \gamma_3 GROWTH_{i,t} + \gamma_4 FATA_{i,t} + \gamma_5 SIZE_{i,t} + \gamma_6 SHRCR1_{i,t} + \gamma_7 NDTS_{i,t} + \gamma_8 ETR_{i,t} + \gamma_9 ROA_{i,t} + \gamma_{10} MANAOWN_{i,t} + INDUSTRY + YEAR + \varepsilon \quad (6\text{-}2)$$

其中：PRC_i代表过程控制变量，分别用集团资金集中度（ZJ）与是否建立财务信息共享中心（INF）两个指标度量。其他变量的说明见第5章。

6.3 资金集中控制对上市公司过度负债影响的实证检验结果与分析

6.3.1 描述性统计

表6-1为我国企业集团财务公司的年度分布以及不同产权性质财务公司的分布状况。从表中可以发现，2011—2015年企业集团财务公司的数量发生了显著的增长，增长率为43%左右，这说明集团财务公司正成为中国企业进行资金集中控制的重要形式。根据所有制的不同进行分类后发现，中央国有企业集团建立的财务公司在财务公司总量中占据着大约半数的比例，截至2015年，我国中央企业集团都建立了自己的财务公司。其次是地方国有企业集团，但是近几年地方国有企业集团财务公司数量发生了显著减少。集体民营企业建立财务公司的数量并不多，近几年也发生了显著的减少，外资企业近几年建立财务公司的数量正在显著增加。

表6-1 集团财务公司的所有制分布

所有制 年份	中央国有企业（占比）	地方国有企业（占比）	集体民营企业（占比）	外资企业（占比）	合计
2011年	59（46%）	51（40%）	13（10%）	4（3%）	127
2012年	68（45%）	62（41%）	16（11%）	4（3%）	150
2013年	70（40%）	83（47%）	18（10%）	5（3%）	176
2014年	96（49%）	26（13%）	3（2%）	69（36%）	194
2015年	109（50%）	34（15%）	3（1%）	74（34%）	220

表6-2为我国中央企业集团财务公司资金集中度的年度信息。从表中

可以看出，央企集团财务公司的资金集中度较高，平均水平为42%，但不同财务公司的资金集中度存在较大差异，有的财务公司资金集中度达到了90%以上，而有些集团财务公司的资金集中度几乎为0，并没有发挥财务公司资金集中效应。这与王超恩等（2016）的研究一致，他们的统计结果发现，2007—2010年我国67家财务公司的资金使用效率相对有效的分别仅有11家、16家、11家和13家，这说明我国财务公司行业受到目前复杂多变的宏观经济和金融环境影响，其资金使用效率的相对有效性也处于波动状态，难以保持稳定。

表6-2　**财务公司资金集中度描述性统计结果**

年份	样本量	均值	中位数	标准差	最小值	最大值
2011年	170	0.44	0.34	0.25	0.00	0.99
2012年	186	0.39	0.31	0.27	0.00	1.00
2013年	208	0.38	0.34	0.21	0.01	0.81
2014年	219	0.43	0.38	0.22	0.00	0.96
2015年	230	0.45	0.40	0.22	0.00	0.91
合计	1 013	0.42	0.36	0.23	0.00	1.00

尽管我国集团财务公司的效率并不高，但近几年随着集团资金集中度的逐步提升，我国财务公司相关制度的建设逐渐完善，财务公司的效率正在不断提升。中央企业集团财务公司资金集中度年度分布图如图6-1所示。从图6-1可以发现，2011—2015年央企集团财务公司资金集中度呈现出先下降后上升的趋势，资金集中度的提升为集团统一资金调配与风险集中控制提供了可能，尤其是在2012年之后，央企集团财务公司资金集中度得到了显著提升，这说明财务公司在资金集中控制方面的地位和作用正在逐渐被认可。

6.3.2　相关性分析

表6-3为主要变量的相关性分析结果。从中可以发现，集团财务公司资金集中度与第一大股东持股比例显著负相关，也就是说集团第一大股东

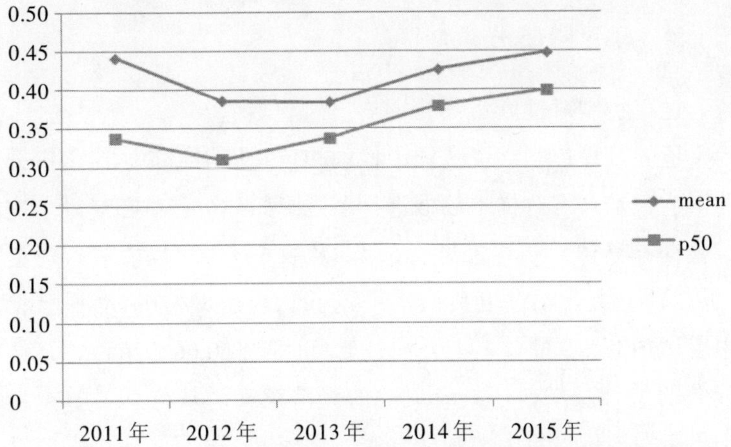

图6-1　中央企业集团财务公司资金集中度年度分布图

持股比例越高，资金集中度越低；资金集中度与企业非债务税盾收益显著正相关，企业非债务税盾收益越高，资金集中度越低。财务信息集中控制程度与企业的成长性、盈利能力、企业规模、第一大股东持股比例显著正相关，与企业非债务税盾收益显著负相关。各变量之间的方差膨胀因子VIF均小于10，说明各变量之间不存在显著的共线性问题。接下来将利用多元回归分析的方法，对本书的假设进行验证。

表6-3　相关性分析结果

变量	ZJ	INF	FATA	GROWTH	ROA	SIZE	SHRCR1	NDTS
ZJ	1	-0.06	0.09	-0.02	-0.04	-0.05	-0.13*	0.13*
INF	-0.02	1	-0.08	0.12*	0.1*	0.06	0.1*	-0.12*
FATA	0.03	-0.05	1	-0.27*	0.05	-0.2*	-0.02	0.67*
GROWTH	-0.0	0.13***	-0.242***	1	0.24*	0.16*	0.04	-0.34*
ROA	0.03	0.12***	-0.05	0.23***	1	-0.1*	0.02	-0.05
SIZE	-0.05	0.06*	-0.05*	0.13***	-0.04	1	0.29*	-0.09*
SHRCR1	-0.15***	0.11***	0.01	0.04	0.01	0.31***	1	0.03
NDTS	0.06*	-0.12***	0.68***	-0.29***	-0.12***	-0.03	0.07**	1

注：***、**、*分别表示1%、5%、10%的显著性水平。

6.3.3 多元回归分析

（1）过程控制对过度负债的影响

为了检验过程控制（资金集中控制和信息集中控制）对上市公司过度负债的影响，本书将对样本数据进行多元回归分析，试图对以上提出的假设进行验证。具体回归结果见表6-4。从表6-4中可以发现，资金集中度（ZJ）越高，上市公司过度负债水平越低，且在5%置信水平上显著，资金集中度增加1个单位，上市公司过度负债降低0.06个单位，该结论不仅具有显著的统计意义，还具有显著的经济意义。从信息集中控制（INF）回归结果来看，信息集中控制能够在一定程度上降低上市公司的过度负债水平，但是结果并不显著。但在综合回归模型中，在控制了资金集中度变量之后，信息集中控制能够显著降低上市公司过度负债水平，信息集中增加1个单位，将会使得过度负债下降0.016个单位，该结论同时具有显著的经济意义和统计意义。这可能是因为财务信息共享中心为企业其他财务控制方式的实施提供了基础平台，其自身的作用需要在控制其他财务控制方式的效果之后才能得以体现。本部分的实证结果为企业实施资金集中控制与财务信息共享中心建设提供了经验支持。综合来看，过程控制能够显著降低上市公司的过度负债水平。

表6-4 **过程控制对上市公司长期过度负债的影响**

变量	（1）	（2）	（3）
ZJ	-0.061**		-0.080***
	(-2.37)		(-4.26)
INF		-0.008	-0.016*
		(-0.77)	(-1.86)
IND_LEV	0.082	0.311	-0.009
	(0.13)	(0.00)	(-0.04)
FATA	0.075**	0.047	0.114***
	(2.01)	(1.21)	(3.74)

续表

变量	(1)	(2)	(3)
GROWTH	0.091***	0.039	0.065**
	(3.33)	(1.35)	(2.59)
ROA	-0.581***	-0.613***	-0.602***
	(-5.48)	(-6.18)	(-6.98)
SIZE	-0.013**	-0.008*	-0.006*
	(-2.47)	(-1.73)	(-1.68)
SHRCR1	0.001**	0.000	-0.000
	(2.03)	(0.49)	(-0.04)
NDTS	-0.786*	-0.736*	-0.797**
	(-1.96)	(-1.89)	(-2.53)
ETR	-0.025	-0.003	-0.027
	(-1.04)	(-0.12)	(-1.23)
MANAOWN	-0.026	-0.013	-0.011
	(-0.13)	(-0.09)	(-0.08)
行业	控制	控制	控制
年份	控制	控制	控制
样本量	531	531	531
$AdjR^2$	0.127	0.186	0.217

注：***、**、*分别表示1%、5%、10%的显著性水平。

本部分的回归结果验证了假设6-1，同时也在一定程度上验证了假设6-2，但是结果并不稳定。这可能是因为，在查阅数据的过程中发现，我国中央企业集团实施财务信息共享中心建设的企业集团并不多，且现有研究认为，我国企业集团的信息控制大多处于信息集中的阶段，而未进入信息共享阶段，这可能会降低信息集中的效率与效果。但是资金集中控制的结果具有显著性，且比较稳定，这也证实了我国监管部门以及大型央企集团近几年都在加速建设自己的财务公司，试图通过财务公司对集团内部资金实现统一调配、统一风险管控，以缓解下属单位由于资金问题引发的一系列代理问题和资金风险问题。尽管已有关于财务公司功能效率的研究得出的结论存在一定的争议，但是这些研究更多是集中在对财务公司效率方面的研究，很少有研究关注财务公司对集团整体财务风险的影响。本书从过度负债视角，探讨财务公司在集团财务风险管控以及“去杠杆”政策落地方面发挥的作用，丰富了有关集团财务公司治理效果的研究，同时也为财务公司服务于经济改革与企业发展的积极作用提供了经验支持。

（2）过程控制对短期过度负债的影响

接下来，本书将从短期过度负债的视角，研究过程控制（资金集中控制与信息集中控制）对上市公司短期过度负债的影响，具体回归结果见表6-5。从表中可以看出，资金集中控制能够显著降低上市公司的过度负债水平，且具有显著的经济意义，资金集中度增加1个单位将会使得短期过度负债下降0.985个单位，说明资金集中度能够在很大程度上降低上市公司的短期过度负债水平，该结论同时具有显著的统计意义与经济意义。信息集中控制能够在一定程度上降低上市公司短期过度负债水平，但是该结果并不显著。将信息集中控制与资金集中控制纳入同一模型后发现，资金集中控制仍然能够显著降低上市公司过度负债水平，且结论具有显著的经济意义和统计意义，但是信息集中控制的回归结果仍不显著。这说明信息集中控制对短期过度负债没有发挥显著的治理效应。这可能是因为我国中央企业中建立财务信息共享中心的并不多，且目前的财务信息共享中心并未完全实现财务信息的共享，而是仅仅发挥了集中功能，因此，其对过度负债的治理效应并未显现出来。综合来看，过程控制能够显著抑制上市公司的短期过度负债，而在过程控制中发挥显著治理效应的是资金集中控制。信息集中控制尽管能够在一定程度上降低上市公司的过度负债水平但是结果的稳定性不高，这可能与我国企业的信息集中控制系统建设周期长，发挥积极效用尚需时间的检验和完善有关。

表6-5　　过程控制对上市公司短期过度负债的影响

变量	（1）	（2）	（3）
ZJ	−0.985* （−1.71）		−2.946** （−2.08）
INF		−0.133 （−0.53）	0.277 （0.45）
IND_LEV	2.097** （2.56）	2.775*** （3.37）	3.146*** （3.08）
FATA	1.639* （1.73）	0.950 （0.96）	−0.610 （−0.39）
GROWTH	−4.963*** （−5.33）	−5.559*** （−5.11）	0.099 （0.31）
ROA	−44.965*** （−7.98）	−55.439*** （−9.35）	−7.371*** （−3.23）
SIZE	0.462*** （4.15）	0.325*** （3.37）	−77.889*** （−5.17）
SHRCR1	−0.028*** （−2.72）	−0.011 （−1.11）	0.079 （0.30）
NDTS	−47.243*** （−4.18）	−47.930*** （−4.21）	−0.039* （−1.70）
ETR	−0.250 （−0.47）	−0.040 （−0.07）	−12.234 （−0.62）
MANAOWN	15.836** （2.08）	22.862** （2.40）	1.116 （0.93）
行业	控制	控制	控制
年份	控制	控制	控制
样本量	624	704	508
$PseuR^2$	0.4782	0.4782	0.5766

注：***、**、*分别表示1%、5%、10%的显著性水平。

综合上述回归结果可以发现，过程控制对上市公司过度负债具有显著的治理效应，其发挥治理效应的途径是通过资金集中控制实现的，资金集中控制能够显著降低上市公司的长期过度负债与短期过度负债水平，且结果具有显著的经济意义与统计意义。这主要是因为资金集中控制一方面能够帮助母公司集中调配资源，进而优化资金配置效率，增加集团内部现金流，降低集团内不同公司对外部债务融资的依赖，进而缩小上市公司的外部债务融资规模，以降低过度负债的概率；另一方面，母公司通过资金集中控制能够对下属上市公司的财务状况与财务风险进行及时充分的了解，及早对债务规模超过适度范围的上市公司进行债务预警，避免上市公司出现过度负债。信息集中控制能够显著降低上市公司长期过度负债水平，但是对短期过度负债的治理效应并不显著。这可能是因为现阶段我国中央企业财务信息共享中心还处于财务信息集中阶段，在财务信息共享方面的功效尚未充分体现，这与信息系统建设周期长、见效慢有关。综合来看，母公司过程控制在降低上市公司过度负债方面发挥了积极作用。

6.3.4 进一步分析

（1）母公司资金集中控制对上市公司过度负债的影响——基于盈利能力的分组检验

接下来，为了检验资金集中控制对不同盈利能力企业过度负债的影响，按照上市公司盈利能力（ROA）中位数将样本分为盈利能力强和盈利能力弱两组，分别检验资金集中控制对不同盈利能力企业过度负债的影响，具体回归结果分别见表6-6和表6-7。

从表6-6和表6-7中可以发现，资金集中控制对过度负债的治理效应主要体现在盈利能力弱的企业中，这可能是因为盈利能力弱的企业内部现金流不足，对外部债务融资的依赖性更高，因此更有可能出现过度负债。另外，盈利能力弱的企业未来发生债务违约、陷入财务困境的可能性更高，因此，母公司资金集中控制对该类企业的治理效用更加明显，这与人员控制的回归结果一致。

表6-6　　资金集中控制对上市公司长期过度负债的影响
——基于盈利能力的分组检验

变量	盈利能力弱	盈利能力强
ZJ	-0.090*** (-2.69)	-0.054 (-1.17)
IND_LEV	-0.541 (-0.70)	0.171 (0.68)
FATA	0.121** (2.56)	0.030 (0.40)
GROWTH	0.054* (1.76)	0.063 (1.07)
SIZE	-0.014** (-2.09)	-0.014 (-1.34)
SHRCR1	0.001* (1.92)	0.001 (0.76)
NDTS	-0.828 (-1.61)	-0.452 (-0.61)
ETR	-0.032 (-1.27)	-0.080 (-0.83)
MANAOWN	-0.096 (-0.37)	-0.670 (-0.61)
行业	控制	控制
年份	控制	控制
样本量	213	143
$AdjR^2$	0.196	0.173

注：***、**、*分别表示1%、5%、10%的显著性水平。

表6-7　　资金集中控制对上市公司短期过度负债的影响
——基于盈利能力的分组检验

变量	盈利能力弱	盈利能力强
ZJ	−1.291** (−1.97)	−1.477 (−1.17)
IND_LEV	2.839*** (3.19)	3.153** (2.31)
FATA	1.087 (1.10)	4.454** (2.26)
GROWTH	−5.744*** (−5.48)	−4.769** (−2.46)
SIZE	0.384*** (3.10)	0.370 (1.58)
SHRCR1	−0.015 (−1.29)	−0.022 (−1.12)
NDTS	−14.724 (−1.37)	−10.19*** (−3.45)
ETR	−0.561 (−1.01)	−3.453* (−1.65)
MANAOWN	31.147* (1.66)	−26.727 (−1.07)
行业	控制	控制
年份	控制	控制
样本量	278	343
PseuR^2	0.2464	0.3818

注：***、**、*分别表示1%、5%、10%的显著性水平。

（2）母公司资金集中控制对上市公司过度负债的影响——基于成长性的分组检验

成长性是影响企业债务融资的另一个非常重要的因素。成长性高的企业往往面临着较多的投资机会，但其自身的盈利能力可能较弱，导致内部自有现金流不足以支持外部投资机会，因此其对外部债务融资的依赖性更高，更有可能发生过度负债。本部分将按照上市公司年度行业成长性指标（GROWTH）的中位数将企业分为成长性高与成长性低的企业，研究资金集中控制对不同成长性企业过度负债的影响。具体回归结果分别见表6-8和表6-9。

表6-8　**资金集中控制对上市公司长期过度负债的影响**
——基于成长性的分组检验

变量	成长性低	成长性高
ZJ	-0.079** (-2.13)	-0.079** (-2.08)
IND_LEV	0.099 (0.13)	0.191 (0.19)
FATA	0.104** (1.99)	-0.007 (-0.12)
ROA	-0.371*** (-3.18)	-1.154*** (-4.32)
SIZE	-0.017** (-2.47)	-0.002 (-0.20)
SHRCR1	0.000 (0.41)	0.001** (2.26)
NDTS	-1.137** (-2.07)	-0.229 (-0.36)
ETR	-0.020 (-0.62)	-0.029 (-0.79)
MANAOWN	-0.216 (-0.64)	0.189 (0.61)
行业	控制	控制
年份	控制	控制
样本量	213	143
$AdjR^2$	0.244	0.218

注：***、**、*分别表示1%、5%、10%的显著性水平。

表6-9　　资金集中控制对上市公司短期过度负债的影响
——基于成长性的分组检验

变量	成长性低	成长性高
ZJ	-0.079** (-2.13)	-0.079** (-2.08)
IND_LEV	0.099 (0.13)	0.191 (0.19)
FATA	0.104** (1.99)	-0.007 (-0.12)
ROA	-0.371*** (-3.18)	-1.154*** (-4.32)
SIZE	-0.017** (-2.47)	-0.002 (-0.20)
SHRCR1	0.000 (0.41)	0.001** (2.26)
NDTS	-1.137** (-2.07)	-0.229 (-0.36)
ETR	-0.020 (-0.62)	-0.029 (-0.79)
MANAOWN	-0.216 (-0.64)	0.189 (0.61)
行业	控制	控制
年份	控制	控制
样本量	213	143
$AdjR^2$	0.244	0.218

注：***、**、*分别表示1%、5%、10%的显著性水平。

从表6-8和表6-9中可以发现，从长期过度负债来看，资金集中控制对不同成长性的企业均产生了显著的治理效应，但是从短期过度负债来看，资金集中控制治理效应的发挥主要集中在成长性低的企业中。这可能是因为短期债务到期时，企业需要根据当时的财务状况进行再融资，但未来经济条件还可能存在恶化的情况，此时的坏消息会使得企业无法进行债务融资或者对现有债务进行展期，这会导致企业清算风险提高（杨兴全，2007）。Diamond（1991）将清算风险定义为企业因无法偿还现有债务而被无效率清算的风险，即使不发生这种极端情况，企业也会因财务危机而付出高昂的间接成本。由此可见，短期过度负债是导致企业集团财务危机的重要原因，因此对短期过度负债的治理显得关键而必要。所以，资金集中控制对短期过度负债的治理效应主要集中在成长性低的企业中。成长性高的企业往往面临着较多的投资机会，未来投资现金流入量较高，因此，出现清算风险的概率相对较低。杨兴全（2007）的研究结论表明，企业的债务规模与成长性之间存在着显著的负相关关系，也就是说成长性越低的企业债务融资规模越大，出现过度负债的可能性越高。

（3）母公司信息集中控制对上市公司过度负债的影响——基于盈利能力的分组检验

为了检验母公司信息集中控制，即财务信息共享中心的建立对不同盈利能力企业过度负债的影响，本部分将上市公司划分为盈利能力强与盈利能力弱两组，分别对样本进行回归，具体回归结果分别见表6-10和表6-11。

从表6-10和表6-11中可以发现，无论是长期过度负债还是短期过度负债，信息集中控制对不同盈利能力企业都发挥了一定的治理效应，但是结果并不显著。这一方面可能是因为我国央企建立财务信息共享中心的并不多，而且大部分央企集团的财务信息正处于信息集中阶段，尚未实现财务信息的共享，这降低了信息集中控制的效率与效果。另一方面可能是因为财务信息共享中心的效果还未凸显，这与信息系统建设周期长、见效慢的特点有关。

表6-10　　信息集中控制对上市公司长期过度负债的影响
——基于盈利能力的分组检验

变量	盈利能力弱	盈利能力强
INF	-0.009 (-0.56)	-0.014 (-0.82)
IND_LEV	0.534 (0.40)	-8.058 (-1.29)
FATA	0.105* (1.91)	0.010 (0.16)
GROWTH	0.004 (0.10)	0.021 (0.42)
SIZE	-0.017** (-2.40)	0.002 (0.22)
SHRCR1	0.000 (0.60)	-0.000 (-0.49)
NDTS	-0.806 (-1.44)	-0.514 (-0.86)
ETR	-0.025 (-0.96)	0.079 (0.88)
MANAOWN	-0.226 (-0.98)	0.237 (1.18)
行业	控制	控制
年份	控制	控制
样本量	204	168
$AdjR^2$	0.192	0.155

注：***、**、*分别表示1%、5%、10%的显著性水平。

表6-11　　信息集中控制对上市公司短期过度负债的影响
——基于盈利能力的分组检验

变量	盈利能力弱	盈利能力强
INF	-0.038 (-0.13)	-0.680 (-1.51)
IND_LEV	10.497 (0.52)	-5.025 (-0.64)
FATA	-0.164 (-0.15)	5.203** (2.47)
GROWTH	-7.435*** (-5.88)	-6.887*** (-3.09)
SIZE	0.310*** (2.99)	0.448** (2.48)
SHRCR1	-0.006 (-0.58)	-0.005 (-0.31)
NDTS	-12.659 (-1.14)	-10.226*** (-3.78)
ETR	-0.577 (-1.05)	1.364 (0.55)
MANAOWN	29.767 (1.39)	5.082 (1.23)
行业	控制	控制
年份	控制	控制
样本量	351	319
PseuR^2	0.2101	0.2571

注：***、**、*分别表示1%、5%、10%的显著性水平。

（4）母公司信息集中控制对上市公司过度负债的影响——基于成长性的分组检验

为了区分信息集中控制对不同成长性企业过度负债的影响，本书将按照上市公司成长性行业中位数将企业分为成长性高与成长性低两组，分别检验信息集中控制对上市公司过度负债的影响，回归结果分别见表6-12和表6-13。

表6-12　信息集中控制对上市公司长期过度负债的影响
——基于成长性的分组检验

变量	成长性低	成长性高
INF	-0.010 (-0.66)	0.002 (0.15)
IND_LEV	-0.066 (-0.00)	4.123 (0.06)
FATA	0.028 (0.50)	0.017 (0.31)
ROA	-0.523*** (-4.34)	-0.994*** (-4.74)
SIZE	-0.012** (-1.98)	0.001 (0.15)
SHRCR1	-0.000 (-0.75)	0.001** (2.15)
NDTS	-1.032* (-1.87)	0.020 (0.03)
ETR	-0.006 (-0.19)	-0.002 (-0.05)
MANAOWN	-0.154 (-0.82)	0.258 (1.27)
行业	控制	控制
年份	控制	控制
样本量	190	182
$AdjR^2$	0.257	0.259

注：***、**、*分别表示1%、5%、10%的显著性水平。

表6-13　　信息集中控制对上市公司短期过度负债的影响
——基于成长性的分组检验

变量	成长性低	成长性高
INF	0.055 (0.15)	-0.360 (-0.95)
IND_LEV	3.877*** (3.58)	1.498 (0.99)
FATA	-0.446 (-0.34)	4.116** (2.52)
ROA	-62.936*** (-7.39)	-48.292*** (-5.57)
SIZE	0.425*** (3.20)	0.269* (1.70)
SHRCR1	-0.024* (-1.77)	-0.005 (-0.34)
NDTS	-35.243** (-2.36)	-63.413*** (-3.15)
ETR	-0.754 (-1.01)	1.537* (1.69)
MANAOWN	21.403 (1.49)	18.911** (2.00)
行业	控制	控制
年份	控制	控制
样本量	358	333
$PseuR^2$	0.4618	0.3126

注：***、**、*分别表示1%、5%、10%的显著性水平。

从表6-12和表6-13中还可以发现，信息集中控制对不同成长性企业过度负债的抑制效应并不显著，这与总体回归分析中得出的结论类似，说明财务信息共享中心的建设对过度负债的治理效应并不显著。

综合上述多元回归结果可以发现，资金集中控制对不同盈利能力与成长性企业的过度负债均发挥了显著的治理效应。从基于盈利能力的分组检验结果来看，资金集中控制的治理效应主要体现在盈利能力弱的上市公司中；从基于成长性的分组检验结果来看，资金集中控制的治理效应主要体现在成长性弱的上市公司中。而信息集中控制的治理效应尚不显著。为了保证研究结论的稳健性，下面将对本章的结论进行稳健性检验。

6.3.5 稳健性检验

（1）改变长期过度负债的度量方式

①采用资产负债率的行业均值

陆蓉等（2017）研究发现，我国企业的资本结构存在着“同群效应”，即公司资本结构会显著受到同行业公司资本结构的影响，且影响力比公司基本面特征和股票价格在经济意义上更加显著，这是造成中国企业扎堆借债的重要原因。因此，本书选择资产负债率的行业年度均值作为上市公司目标资产负债率，然后用上市公司实际资产负债率与目标资产负债率的差值大于零的部分作为过度负债的度量指标，研究母公司过程控制对长期过度负债的影响，具体回归结果见表6-14。从表6-14的回归结果可以发现，资金集中控制的回归结果仍然显著为负，说明资金集中控制确实能够降低上市公司的过度负债水平，该结论具有很强的稳定性。信息集中控制的回归结果为负，但是并不显著，这说明信息集中控制的治理效应并不明显。综合过程控制的回归结果可以发现，资金集中控制对过度负债发挥了显著且稳定的治理效应，尽管信息集中控制能够在一定程度上降低上市公司的过度负债，但是效果并不显著。

表6-14　　过程控制对长期过度负债的影响

变量	（1）	（2）	（3）
ZJ	-0.049*** （-2.91）		-0.092*** （-4.00）
INF		-0.010 （-1.18）	-0.013 （-1.20）
IND_LEV	0.082 （0.13）	0.245 （0.00）	0.072 （0.28）
FATA	0.080*** （3.00）	0.071** （2.17）	0.125*** （3.36）
GROWTH	0.095*** （4.63）	-0.033 （-1.27）	-0.013 （-0.43）
ROA	-0.572*** （-7.69）	-0.806*** （-9.89）	-0.857*** （-8.14）
SIZE	0.008*** （2.66）	0.039*** （12.02）	0.034*** （7.75）
SHRCR1	0.001* （1.93）	-0.001*** （-3.38）	-0.001* （-1.84）
NDTS	-0.516* （-1.82）	-0.760** （-2.33）	-1.007*** （-2.62）
ETR	-0.030 （-1.62）	-0.095*** （-4.27）	-0.088*** （-3.33）
MANAOWN	0.066 （0.49）	-0.039 （-0.31）	-0.019 （-0.11）
行业	控制	控制	控制
年份	控制	控制	控制
样本量	646	715	508
$AdjR^2$	0.185	0.362	0.362

注：***、**、*分别表示1%、5%、10%的显著性水平。

②采用资产负债率的行业中位数

考虑到资产负债率行业均值可能会受到极端值的影响，本书选择资产负债率的行业年度中位数作为目标资产负债率的度量指标，然后用上市公司实际资产负债率减去目标资产负债率大于零的部分作为长期过度负债的度量指标，研究过程控制对过度负债的影响，具体回归结果见表6-15。表6-15显示的结果仍然支持本书以上回归分析得出的结论。其中，资金集中控制能够显著降低上市公司的长期过度负债水平，信息集中控制对长期过度负债的影响为负，但是并不显著。总体来看，过程控制能够在一定程度上降低上市公司的过度负债水平，且主要是通过资金集中控制降低了上市公司的长期过度负债水平，该结论与以上回归分析得出的结论一致。说明本书的结论受过度负债度量方式误差的影响较小。

表6-15　**过程控制对长期过度负债的影响（行业中位数法）**

变量	（1）	（2）	（3）
ZJ	-0.069***		-0.092***
	（-3.44）		（-3.99）
INF		-0.008	-0.011
		（-1.02）	（-1.09）
IND_LEV	-1.191	0.515	0.032
	（-1.63）	（0.00）	（0.12）
FATA	0.079**	0.077**	0.130***
	（2.47）	（2.32）	（3.47）
GROWTH	-0.006	-0.033	-0.015
	（-0.25）	（-1.27）	（-0.48）
ROA	-0.805***	-0.811***	-0.858***
	（-9.07）	（-9.84）	（-8.10）
SIZE	0.033***	0.037***	0.033***
	（8.85）	（11.30）	（7.52）

续表

变量	（1）	（2）	（3）
SHRCR1	-0.000 （-0.59）	-0.001*** （-3.00）	-0.001 （-1.64）
NDTS	-0.631* （-1.86）	-0.798** （-2.42）	-1.038*** （-2.69）
ETR	-0.083*** （-3.75）	-0.094*** （-4.18）	-0.088*** （-3.27）
MANAOWN	0.079 （0.49）	-0.064 （-0.51）	-0.054 （-0.31）
行业	控制	控制	控制
年份	控制	控制	控制
样本量	646	715	508
$AdjR^2$	0.358	0.344	0.342

注：***、**、*分别表示1%、5%、10%的显著性水平。

（2）改变短期过度负债的度量方式

借鉴陆正飞等（2015）的研究方法，本书选择利息覆盖率是否低于2.5作为短期过度负债的度量指标，并用过程控制变量对该指标进行回归，回归结果见表6-16。从表6-16中可以发现，结论与主检验中得出的结论具有一致性。其中，资金集中控制能够显著降低上市公司的短期过度负债水平，信息集中控制对短期过度负债的影响并不显著。在同时控制资金集中控制与信息集中控制变量的综合模型回归结果显示，过程控制对短期过度负债发挥了一定的治理效应，其发挥治理效应的途径是通过资金集中控制实现的，信息集中控制的治理效果并不显著。

表6-16　**过程控制对上市公司短期过度负债的影响（稳健性检验）**

变量	（1）	（2）	（3）
ZJ	-2.107** （-2.48）		-2.655** （-2.27）

续表

变量	(1)	(2)	(3)
INF		0.030 (0.09)	-0.142 (-0.28)
IND_LEV	1.810** (2.56)	2.463*** (3.63)	2.560*** (2.92)
FATA	2.045* (1.70)	1.136 (0.83)	1.635 (1.03)
GROWTH	-0.224 (-1.04)	0.331 (1.51)	-0.101 (-0.31)
ROA	-3.600*** (-3.56)	-4.491*** (-3.64)	-2.548** (-2.05)
SIZE	-34.609*** (-5.41)	-32.288*** (-5.84)	-58.050*** (-5.39)
SHRCR1	0.288 (1.58)	-0.156 (-0.93)	0.054 (0.22)
NDTS	-0.019 (-1.42)	0.000 (0.01)	-0.007 (-0.38)
ETR	-30.172** (-2.23)	-48.368*** (-3.39)	-20.747 (-1.18)
MANAOWN	0.008 (0.01)	1.360 (1.59)	1.018 (0.94)
行业	控制	控制	控制
年份	控制	控制	控制
样本量	645	704	645
$PseuR^2$	0.3879	0.3588	0.4945

注：***、**、*分别表示1%、5%、10%的显著性水平。

6.4 主要结论

近年来，随着国有企业改革的深入，母公司财务控制在集团治理中发挥的作用愈加显著，许多大型央企集团都尝试通过集团财务控制实现经营绩效的提高与财务风险的管控。财务公司具有资金集中职能、资金结算职能、贷款业务职能、担保业务职能和委托业务职能。其中，资金集中职能是财务公司最本质的职能，资金集中职能是其他职能得以实现的前提。资金集中的目的并不仅仅是提高集团资金的控制数量，更多的是通过资金集中控制实现对集团资金的优化配置与资金风险的有效管控。同时，资金集中控制还能够实现对上市公司投融资活动的统一决策，提高上市公司投融资效率，降低上市公司的非效率投资与过度负债风险。本章的研究结论证明了集团母公司过程控制能够对上市公司的过度负债发挥显著的治理效应，其发挥治理效应的主要途径是资金集中控制，而信息集中控制尚未发挥显著的治理效果，这一方面可能是因为我国中央企业信息化建设还处于财务信息集中阶段，尚未实现财务信息的共享，这降低了信息集中控制的效率和效果；另一方面可能是因为财务信息共享中心的建设周期长，见效慢，对其效果的检验尚需时日。上述结论经过不同稳健性检验后依然成立。

第 7 章

结果控制对上市公司过度负债影响的实证研究

在第5章和第6章中，本书分别检验了母公司人员控制与过程控制对上市公司过度负债的影响，并验证了母公司财务控制的积极治理效应。本章将研究母公司结果控制对上市公司过度负债的影响。这里的结果控制是以目标为导向的倒逼机制，是未来导向的，而不是普通意义上的、事后的结果导向控制，主要包括全面预算管理和业绩评价两种控制方式。

7.1 理论分析与研究假设

7.1.1 全面预算管理与上市公司过度负债

全面预算管理是一种集系统化、战略化、人本化理念为一体的现代企业管理模式，通过对业务、资金、信息、人员的整合，明确、适度地分权和授权，战略驱动的业绩评价等，来实现资源合理配置、作业高度协同、战略有效贯彻、经营持续改善、价值稳步增加的目标。全面预算的执行使得集团能够实现对资金的量化控制，通过将与上市公司债务融资有关的财务指标纳入预算指标中，实现对过度负债的事前预警、事中控制与事后评价。罗乾宜（2017）提出了“边界管控”制度，该财务控制制度的实施显著降低了中国兵器工业集团及其子公司的过度负债水平，为集团“降杠杆”提供了有效路径。在具体实施方面，通过对资产负债率指标设置边界值，并将该边界值纳入全面预算管理，最后将资产负债率指标纳入管理层的业绩考核范畴，实现对资产负债率的严格控制，降低了上市公司过度负债风险，保证了集团在风险可控范围内实现价值的可持续创造。

全面预算管理是企业根据其发展规划和战略目标，对未来的经营活动进行全面预测和筹划，并通过对比实际情况与预算目标对执行过程进行监控，以及时指导改善经营活动。预算编制过程中的全面参与能够保证母子公司间充分的信息沟通，尤其是像央企这种内部结构复杂的企业集团，这种全员参与的沟通方式能够促进上下级之间、同级之间的配合协调，减少利益冲突，提高管控效率。此外，全面预算管理的实施能够提高资源配置效率，强化内部控制与风险管理，全面预算是集团财务控制最为全面系统的管理手段和工具（罗乾宜，2012）。

因此，西方国家的大型企业集团都非常重视母子公司间的预算纽带，试图通过预算编制、执行与考评实现集团整体战略目标。但是，母公司也不能对下属成员企业的预算施行“一刀切”或行政命令的方式，需要结合成员企业自身情况制定预算。对于全资子公司或者是控股性子公司，母公司可以通过直接下达预算目标的方式，或者是通过在子公司董事会中的多数席位行使决策权，而这就要求母公司所派出的子公司董事必须领会企业战略意图，本着勤勉尽责的精神，来行使其在子公司董事会中的投票权。

通过以上分析可以发现，集团母公司可以通过全面预算管理实现对其控制上市公司预算的严格控制，进而对上市公司的过度负债进行控制。现有研究发现，影响全面预算管理实施效果的主要因素包括：第一，集团对全面预算管理的重视程度。目前我国大部分企业集团将预算视为财务部门的事情，其他部门总认为预算与自己无关，这就导致了预算执行效果的差异，全面预算只有得到公司管理层乃至治理层的重视，才能保证其执行的效率与效果。第二，上市公司参与全面预算管理编制的程度。在我国企业集团中，预算的编制方式主要包括三种：自上而下、自下而上与上下结合。其中自上而下的编制模式会降低上市公司参与预算的积极性，也会因为集团对上市公司情况的不了解造成预算松弛。

自下而上的预算编制方式，主要是子公司编制预算报告母公司，这种预算编制方式主要集中在分权的集团中，这种集团不干涉上市公司的具体经营活动，属于财务控制型，主要通过对上市公司财务指标的控制实现对上市公司的控制。而上下结合这种预算编制模式是实务界与理论界都比较认同的一种预算编制方式。这种编制方式能够保证下属公司参与预算编制的积极性，同时也能够保证预算编制的合理性，提高了全面预算的执行效率与效果。第三，预算指标的设计。目前我国企业在编制全面预算时，更多的是关注业绩、规模、收入等指标而忽视了对风险的关注，作者通过阅读我国企业集团的预算报告，发现我国企业集团预算指标中出现频率最高的是：销售收入、总利润、市场份额，而缺少与风险相关的指标（比如资产负债率）。

但是，近几年伴随着供给侧结构性改革对“去杠杆”提出的要求，越来越多的企业在预算指标中加入了资产负债率指标，将资产负债率纳入预算指标体现了集团母公司对财务风险的关注，能够在一定程度上降低上市公司的过度负债。纳鹏杰等（2012）研究发现，我国企业集团几乎全部都建立了全面预算管理制度，本书问卷调查的结果同样显示：目前，我国中央企业集团全部建立了全面预算管理体系，但是，不同企业集团在全面预算的具体执行方面还存在着较大的差异。

因此，本书将从上述理论与现有文献的研究成果中归纳出影响全面预算管理实施效果的三个关键因素，即全面预算管理的主导机构、预算指标的设计与全面预算管理的编制方式，分别考察这三个方面对上市公司过度负债的影响，进而对全面预算管理的实施效果进行检验，同时也能从中找出影响全面预算管理实施效果的关键成功因素，并提出以下假设：

假设7-1：其他条件一定的前提下，董事会主导全面预算管理，能够显著降低上市公司过度负债。

假设7-2：其他条件一定的前提下，预算指标中包含资产负债率，能够显著降低上市公司过度负债。

假设7-3：其他条件一定的前提下，上下结合的预算编制方式，能够显著降低上市公司过度负债。

7.1.2 业绩评价控制与上市公司过度负债

业绩评价是指企业运用系统的工具方法，对一定时期内企业营运效率与效果进行综合评判的管理活动，绩效评价是企业实施激励管理的重要依据。业绩评价是一种结果控制方式，对其他控制方式发挥着事后的激励作用。相比于其他企业，中央企业有其特定的业绩评价体系，2003年，国务院为推进和指导国有企业的改革和重组，成立了国有资产监督管理委员会，一方面监管国有资产保值增值情况，另一方面通过法定程序任免、考核和奖惩央企负责人。考核对象包括国有独资企业与国有资本控股公司的总经理、总裁、副总经理、副总裁、总会计师。

从2004年起，国资委颁布的《中央企业负责人经营业绩考核办法》中提出对央企推行年度考核和任期考核相结合的方式。其中，年度考核的主要指标包括利润总额和经济增加值，任期考核指标为国有资本保值增值率和主营业务收入增长率。此外，考核指标还包括分类指标，分类指标是根据企业所处行业特点，综合考虑企业技术创新能力、环境保护水平、可持续发展等因素确定，并在国资委与央企负责人签订的责任书中明确，并以此作为央企高管薪酬认定和人事任免的依据。

同时，国资委确定每3年为一个任期，每个任期初颁布新的考核办法以引导企业负责人完成国资委新的目标和任务，其计算公式为：年度经营业绩考核综合评分=（利润总额指标得分+经济增加值指标得分+分类指标得分）×经营难度系数+奖励分-考核扣分。由评分公式可以看出，这项考核主要是基于央企的经济绩效进行打分的（杨瑞龙等，2013）。2009年国资委颁布了对中央企业集团主要负责人的考核办法，此次颁布的考核办法旨在引导企业加强自主创新、管控风险、转变发展方式、实现可持续发展。与2004年颁布的考核办法相比，2009年颁布的考核办法将年度考核指标中的净资产收益率（ROE）改为经济增加值（economic value added，EVA）。

Holmstrom（1979）认为，构建科学的业绩评价体系是实施有效激励的前提，指标的选择和设计将直接影响高管的行为决策。中央企业考核办法第二次修订的主要内容是将高管年度经营业绩考核指标中的净资产收益率替换为EVA，且规定除了军工、储备、电力、石化和科研企业外，其他企业经济增加值指标的基本分为50分。由此可见，EVA在整个中央企业业绩评价体系中占据着至关重要的地位。Stewart（1994）也指出，EVA不仅是股东财富的度量指标，它更是一个管理工具，是建立财务管理体系及激励计划等一体化框架的重要指标。以EVA为核心，企业可以建立一套价值驱动型的激励机制和监督机制，从而使企业全面贯彻以价值管理为导向的管理体系（袁琳，2003）。这说明EVA对过度负债的影响能够很好地体现业绩评价控制对过度负债的影响。接下来，将以EVA作为业绩评价控制的替代指标，从过度负债视角，阐述EVA如何影响央企上市公司的过度负债，进而为业绩评价控制对过度负债的治理效应奠定理论基础。

国资委试图通过业绩考核方式实现对央企高管价值创造行为的激励，具体包括薪酬激励和“精神激励”。现有研究发现，除了物质激励与职位任免外，央企高管更加关注因绩效考核带来的“精神激励”，他们认为，企业的考核排名代表着高管人员的能力以及企业的地位，这种激励甚至超越了物质及职位所带来的激励效果（卢闯等，2010）。因此，从委托代理理论的视角来看，这种物质与精神的激励，能够减少央企高管追求私人利益损害股东价值的短视行为，提高高管对风险的关注，减少其利用手中资源进行大肆举债、低效投资等行为，这一点从EVA的计算公式[①]中也可以看出。另外，根据适度负债理论，适度负债能够显著提升企业价值，充分发挥财务杠杆收益，但是，需要注意而且可能被忽视的一点是，当企业的负债超过了适度水平，过度负债将会成倍放大企业财务风险，这个时候的财务杠杆发挥的是价值破坏效应，这会损害股东价值甚至导致企业破产。因此，EVA考核指标充分考虑了融资风险因素，并通过业绩考核的方法将其与高管薪酬挂钩，促使高管关注债务融资风险，避免过度负债。

另外，国资委之所以将对央企的业绩评价指标由ROE转变为EVA是因为：一方面，高管可以通过短期行为，如降低研发和培训等措施提高短期净利润，但不利于长期发展；另一方面，高管可以通过大规模举债的方式进行无效率投资，尽管产生了短期利润，但会带来过度负债与过度投资

① EVA=税后净营业利润-资本成本=净利润+（利息支出+研发费用调整项-非经常性收益调整项×50%）×（1-25%）-（平均所有者权益+平均负债-平均无息流动负债-平均在建工程）×平均资本成本率

问题。那么，从过度负债的治理方面来讲，相比于ROE指标，EVA指标能够对过度负债发挥更加显著与有效的治理作用。

尽管国资委对中央企业集团实施了EVA业绩评价体系，但是这并不代表中央企业也会对其控制的上市公司实施EVA业绩评价。汤谷良和戴天婧（2015）采用多案例分析方法，发现中央企业集团是否对其控制上市公司实施EVA业绩评价以及实施EVA业绩评价的效果关键取决于四个要素：制度认知度、企业经营理念的文化差距、总部控制能力、管理制度与经营战略的匹配度。因此，中央企业集团对其控制上市公司的业绩评价体系中包含多个指标，在该指标体系中EVA所占的权重能够在一定程度上反映中央企业集团对其控制上市公司过度负债风险的关注，进而能够反映业绩评价控制对过度负债的重视程度。

因此，本书分别从两个方面研究业绩评价控制对过度负债的影响：第一，利用中央企业集团对其控制上市公司业绩评价体系中EVA所占的权重作为业绩评价控制的替代指标，研究EVA权重对上市公司过度负债的影响，EVA在央企业绩评价体系中的权重越高，其对业绩评价控制的代表性越强，越能反映出业绩评价控制对上市公司过度负债的影响；第二，利用ROE与EVA指标的对比分析，检验EVA考核指标是否能够更加有效地抑制上市公司过度负债问题。

本书提出以下假说：

假设7-4：其他条件一定的前提下，业绩评价体系中EVA所占权重越高，企业过度负债程度越低。

假设7-5：其他条件一定的前提下，相比于ROE考核指标，EVA考核指标更能够降低上市公司的过度负债。

7.2 研究设计

7.2.1 样本选择

本书选择2011—2015年中央企业集团控制的上市公司为研究对象，

其中有关母公司全面预算管理与业绩评价的信息是通过对央企母公司总会计师的访谈获得，有关中央企业EVA和ROE等业绩评价指标的具体数值是通过阅读《中央企业经济运行报告》，手工搜集整理而成。有关中央企业集团控制的上市公司信息来自国泰安（CSMAR）数据库中公布的企业实际控制人结构关系图，由于中央企业的实际控制人是国资委，因此，本书首先搜集国资委控制的中央企业集团，然后根据上市公司的实际控制人信息找到央企控制的上市公司。

7.2.2 模型设计

为了对上述假设进行检验，设计如下模型：

$$OVERLEV_{i,t}=\beta_0+\beta_1RC_i+\beta_2ROA_{i,t}+\beta_3IND\_LEV_{i,t}+\beta_4GROWTH_{i,t}+\beta_5FATA_{i,t}+\beta_6SIZE_{i,t}+\beta_7SHRCR1_{i,t}+\beta_8NDTS_{i,t}+\beta_9ETR_{i,t}+\beta_{10}MANAOWN_{i,t}+INDUSTRY+YEAR+\varepsilon \tag{7-1}$$

$$Logit(EXINTR\_dum)=\gamma_0+\gamma_1RC_i+\gamma_2IND\_LEV_{i,t}+\gamma_3ROA_{i,t}+\gamma_4GROWTH_{i,t}+\gamma_5FATA_{i,t}+\gamma_6SIZE_{i,t}+\gamma_7SHRCR1_{i,t}+\gamma_8NDTS_{i,t}+\gamma_9ETR_{i,t}+\gamma_{10}MANAOWN_{i,t}+INDUSTRY+YEAR+\varepsilon \tag{7-2}$$

其中RC_i代表结果控制变量，具体包括两个方面的指标：第一，全面预算管理变量，具体包括三个指标：全面预算管理的主导机构是否为董事会（BA），当全面预算管理的主导机构为董事会时，BA取1，否则取0；预算指标中是否包括资产负债率（BB），当预算指标中包含资产负债率指标时，BB取1，否则BB取0；全面预算管理的编制方式（BC），当全面预算的编制方式为上下结合时，BC取1，否则取0。第二，业绩评价控制变量，其中REVA为EVA指标在中央企业控制上市公司业绩评级体系中所占的权重等级，结合问卷设计情况，本书将该权重划分为四个等级1、2、3、4，对应的EVA权重分别为10%~20%、21%~30%、31%~40%、41%以上，REVA对应的数值分别为1/2/3/4，REVA数值越大代表EVA在业绩评价中的地位越高。EVAR=EVA÷总资产，PORR=利润总额÷总资产，国有资本保值增值率：CAPITAL=年末国有资本及权益之和÷年初国有资本及权益之和，主营业务收入增长率（NPR）=（年末主营业务收入-年初主营业务收入）÷年初主营业务收入。

7.3 结果控制对上市公司过度负债影响的实证结果及分析

7.3.1 描述性统计

表7-1是有关中央企业集团结果控制相关指标的描述性统计分析结果。从表中可以看出，平均有37.8%的中央企业全面预算管理的主导机构是董事会，大部分中央企业的全面预算管理主导机构仍然不是董事会。这说明中央企业集团对全面预算管理的重视程度还不够，全面预算管理在中央企业集团中的地位以及执行力尚需加强。有66%的央企集团将资产负债率指标纳入了预算指标，这体现了中央企业集团对风险的重视程度增强，将资产负债率纳入预算指标，能够加强集团下属单位对债务融资的关注，控制债务融资规模，降低下属子公司利用集团声誉进行大规模借债的行为。从全面预算的编制方式来看，有37%的企业集团实行了上下结合的预算编制方式，这种预算编制方式能够提高预算编制的合理性，提升下属上市公司在全面预算编制过程中的话语权，进而提高上市公司执行预算的意愿。

表7-1　　描述性统计结果

变量	样本量	均值	中位数	标准差	最小值	最大值
BA	1 495	0.38	0.00	0.49	0.00	1.00
BB	1 092	0.66	1.00	0.47	0.00	1.00
BC	1 495	0.37	0.00	0.48	0.00	1.00
REVA	1 242	2.05	2.00	0.88	1.00	4.00
EVAR	1 395	0.01	0.01	0.02	−0.08	0.06
PORR	1 089	0.22	0.07	1.12	−0.99	9.72
CAPITAL	1 397	1.06	1.08	0.25	−4.85	1.21
NPR	1 395	0.02	0.02	0.02	−0.12	0.07

从业绩评价指标来看，表7-1的结果显示，EVA在中央企业集团业绩

评价体系中所占的比重均值为20%～30%，其中权重最高的为40%以上。汤谷良和戴天婧（2015）通过对四家中央企业集团内部EVA评价制度的实施效果进行多案例分析后发现，尽管国资委要求中央企业实施EVA考核，但是制度认知度、企业经营理念的文化差距、总部控制能力、管理制度与经营战略匹配度四个权变因素，会直接影响EVA制度在中央企业及其下属企业中的执行力度。这也是造成不同中央企业集团业绩评价体系中EVA所占比例差异较大的重要原因。中央企业集团EVA的均值为总资产的1%，中央企业集团EVAR有正有负，这说明不同类型中央企业集团的EVA存在着较大的差异。从利润总额的均值来看，利润均值为总资产的22%，部分中央企业集团的利润总额为负值，中央企业集团国有资本的保值增值率均值为1.06，平均来看，中央企业集团实现了国有资本的保值增值，但是也有部分央企集团未实现资本的保值增值。从营业收入增长率指标来看，央企集团营业收入增长率的均值为2%，部分央企集团的营业收入增长率为负。

7.3.2 相关性分析

接下来将对结果控制（全面预算管理和业绩评价控制）主要变量进行相关性分析，具体结果见表7-2。从表中可以看出，全面预算管理的主导机构（BA）、预算指标设计（BB）与全面预算管理的编制方式（BC）三个要素之间存在着较强的相关性，这说明用这三种方式作为全面预算管理的替代指标具有一定的合理性。在多元回归分析中，为了克服这三个要素之间的多重共线性，本书将这三个变量分别代入模型中进行回归分析。从业绩评价四个要素来看，EVAR与利润总额之间存在着负相关关系，但是并不显著，EVAR与资本保值增值率（CAPITAL）和营业收入增长率（NPR）之间存在着较强的正相关关系。在稳健性分析中，本书将采用主成分分析的方法，从业绩评价体系的四个指标中提炼出业绩评价第一主成分，作为业绩评价控制的替代变量，代入模型中进行回归分析。

表7-2　　相关性分析

变量	BA	BB	BC	EVAR	PORR	CAPITAL	NPR
BA	1	0.08*	0.34*	−0.12*	−0.09	−0.08	−0.12*
BB	0.09***	1	−0.14*	0.01	0.02	0.14*	−0.01
BC	0.31***	−0.12***	1	0.09*	0.04	0.07	0.10*
EVAR	−0.12***	0.04	0.08**	1	0.33*	0.65*	0.87*
PORR	0.11***	0.08**	0.06	−0.02	1	0.23*	0.27*
CAPITAL	−0.07**	0.15***	0.07**	0.28***	0.02	1	0.67*
NPR	−0.09***	−0.02	0.16***	0.88***	−0.01	0.32***	1

注：***、**、*分别表示1%、5%、10%的显著性水平。

7.3.3　多元回归分析

(1) 长期过度负债回归结果

①全面预算管理对上市公司长期过度负债影响的实证结果

全面预算管理的主导机构体现了全面预算管理在集团中的地位，全面预算管理的地位又决定了全面预算管理的执行效率与效果。因此，全面预算管理的地位对其效果的发挥具有重要作用。表7-3为全面预算管理对上市公司过度负债影响的回归结果。从表中可以看出，当全面预算管理的主导机构（BA）为董事会时，显著降低了上市公司的过度负债水平，这说明全面预算管理的主导机构决定了全面预算管理在集团中的地位，进而能够决定其执行效率与执行效果，假设7-1成立。另外，当预算指标中包含资产负债率指标（BB）时并没有显著降低上市公司的过度负债水平，假设7-2不成立。这可能是因为尽管集团将资产负债率纳入预算指标中，但上市公司高管在执行预算的过程中仍然受传统预算指标中规模、绩效、利润等指标的影响较大，更多地关注这些指标而忽视了对资产负债率指标的关注与执行。

从全面预算的编制方式（BC）可以看出，当全面预算的编制方式为上下结合时能够显著降低上市公司过度负债水平，这可能是因为上下结合的预算编制方式能够加强母子公司间的信息沟通，加强母公司对子公司实际情况的了解，提高了预算指标设计的合理性，同时也能够加强子公司对预算指标的理解，进而增强了子公司对全面预算的执行力度与执行意愿，假设7-3成立。另外，本书还将全面预算管理的三个指标纳入同一模型中进行回归，结果发现：当全面预算管理的主导机构为董事会时，显著降低了上市公司的过度负债水平；当预算指标中包含资产负债率指标时，能够在一定程度上降低上市公司的过度负债水平，但是并不显著；而当全面预算的编制方式为上下结合时，母子公司之间进行预算沟通的概率与频率更高，此时能够显著降低上市公司的过度负债水平。综合来看，全面预算管理能够在一定程度上降低上市公司的过度负债水平，而促使全面预算管理发挥积极效应的主要原因是全面预算管理在母公司中较高的地位以及全面预算管理在编制过程中母子公司之间充分的信息沟通与交流，而预算指标的设计并未发挥显著的治理效应，可能是因为目前我国集团企业将资产负债率纳入预算指标的并不多，此外，过去中央企业对规模、业绩、利润指标的关注使其降低了对风险指标的关注，这使得资产负债率预算指标的设计并未发挥显著的治理效应。

②业绩评价控制对上市公司长期过度负债影响的实证结果

表7-4为业绩评价控制对上市公司过度负债影响的回归结果。从表中第（1）列可以看出，央企对上市公司的业绩评价指标体系中EVA所占的比例越高，上市公司的过度负债水平越低，结果具有显著的经济意义与统计意义，假设7-4成立。这说明中央企业提高EVA指标在业绩评价体系中的重要性，能够强化业绩评价控制对央企上市公司过度负债的治理效应。同时也从过度负债的视角说明，EVA在业绩评价体系中的地位能够反映中央企业业绩评价控制在治理过度负债方面的显著作用。为了检验国资委转变对中央企业的业绩考核办法，即从ROE转变为EVA指标的合理性提供经验支持，本书从过度负债视角，对比分析ROE与EVA在治理过度负债方面的效果差异。研究结果发现，相比于ROE指标，EVA考核指标显著降低了上市公司的过度负债水平，但是ROE指标并未对过度负债发挥治理效应，假设7-5成立。无论是在单独回归模型中，还是在综合回归模型中，ROE指标都不能对过度负债发挥显著的治理效应。这为国资委转变对央企的考核方式提供了经验支持。

表7-3 全面预算管理对上市公司长期过度负债的影响

变量	(1)	(2)	(3)	(4)
BA	-0.015*			-0.030***
	(-1.82)			(-3.31)
BB		0.015		-0.005
		(1.62)		(-0.51)
BC			-0.028***	-0.040***
			(-3.42)	(-4.23)
IND_LEV	0.307	0.325	0.299	0.314
	(0.00)	(0.00)	(0.00)	(0.00)
FATA	0.024	0.030	0.028	0.021
	(0.64)	(0.81)	(0.76)	(0.57)
GROWTH	0.064**	0.064**	0.061**	0.064**
	(2.24)	(2.25)	(2.18)	(2.31)
ROA	-0.376***	-0.426***	-0.438***	-0.357***
	(-3.83)	(-4.45)	(-4.63)	(-3.70)
SIZE	-0.021***	-0.022***	-0.022***	-0.020***
	(-4.33)	(-4.51)	(-4.61)	(-4.22)
SHRCR1	-0.000	-0.000	-0.000	-0.000
	(-0.38)	(-0.44)	(-0.17)	(-0.02)
NDTS	-0.834**	-0.901**	-1.027***	-0.844**
	(-2.36)	(-2.58)	(-2.98)	(-2.44)
ETR	-0.019	-0.009	-0.001	-0.007
	(-0.70)	(-0.32)	(-0.05)	(-0.28)
MANAOWN	0.107	0.129	0.159	0.144
	(1.02)	(1.23)	(1.54)	(1.41)
行业	控制	控制	控制	控制
年份	控制	控制	控制	控制
样本量	531	531	531	531
$AdjR^2$	0.1474	0.1626	0.207	0.1619

注：***、**、*分别表示1%、5%、10%的显著性水平。

表7-4　　业绩评价控制对上市公司长期过度负债的影响

变量	(1)	(2)	(3)	(4)	(5)	(6)	(7)	(8)
REVA	-0.022*** (-2.70)							
EVAR		-0.788*** (-3.04)					-1.509** (-2.26)	-1.508** (-2.25)
PORR			-0.011 (-1.36)				-0.011 (-1.29)	-0.011 (-1.29)
CAPITAL				-0.030** (-2.05)			-0.029* (-1.86)	-0.029* (-1.83)
NPR					-0.560** (-2.07)		1.067 (1.47)	1.056 (1.33)
ROE						-0.006 (-0.16)		0.003 (0.04)
IND_LEV	0.642*** (28.57)	0.637*** (27.38)	0.631*** (25.02)	0.639*** (27.41)	0.641*** (27.5)	0.640*** (27.61)	0.630*** (25.12)	0.629*** (25.05)
FATA	0.034 (1.10)	0.040 (0.90)	0.097* (1.74)	0.055 (1.25)	0.048 (1.09)	0.037 (1.18)	0.066 (1.19)	0.066 (1.19)
GROWTH	0.068*** (3.07)	0.095*** (3.12)	0.111*** (3.14)	0.098*** (3.19)	0.091*** (2.96)	0.078*** (3.41)	0.125*** (3.55)	0.125*** (3.52)
ROA	-0.554*** (-6.98)	-0.629*** (-4.95)	-0.603*** (-4.36)	-0.592*** (-4.42)	-0.641*** (-4.99)	-0.631*** (-7.44)	-0.484*** (-3.39)	-0.485*** (-3.38)
SIZE	-0.009** (-2.39)	-0.029*** (-3.40)	-0.029*** (-2.83)	-0.030*** (-3.47)	-0.030*** (-3.43)	-0.010** (-2.40)	-0.026** (-2.60)	-0.026** (-2.58)
SHRCR1	0.001 (1.64)	0.001 (1.26)	0.000 (0.60)	0.001 (1.15)	0.001 (1.34)	0.001* (1.68)	0.000 (0.25)	0.000 (0.26)
NDTS	-0.722** (-2.22)	-1.004** (-2.11)	-1.388** (-2.46)	-1.154** (-2.43)	-1.077** (-2.24)	-0.506 (-1.54)	-1.058* (-1.88)	-1.056* (-1.87)
ETR	-0.014 (-0.74)	-0.003 (-0.10)	0.004 (0.10)	-0.000 (-0.02)	-0.000 (-0.01)	-0.011 (-0.54)	-0.008 (-0.23)	-0.008 (-0.23)
MANAOWN	0.037 (0.29)	0.086 (0.63)	0.061 (0.32)	0.088 (0.63)	0.087 (0.62)	0.022 (0.17)	0.055 (0.29)	0.054 (0.29)
行业	控制	控制	控制	控制	控制	控制	控制	控制
年份	控制	控制	控制	控制	控制	控制	控制	控制
样本量	531	531	531	531	531	531	531	531
$AdjR^2$	0.214	0.285	0.262	0.269	0.345	0.295	0.291	0.394

注：***、**、*分别表示1%、5%、10%的显著性水平。

另外，本书还从中央企业业绩评价体系的四个指标出发，分别研究这四个业绩评价指标与过度负债之间的关系。结果发现，EVAR指标、资本保值增值率（CAPITAL）与营业收入增长率（NPR）也能够显著降低上市公司的过度负债水平。这可能是因为，营业收入是一个综合反映企业经营成果和行业地位的核心指标，也是“财富500强”排名的主要依据，相对于利润率指标，这一指标更加可信。为了避免这四个指标之间可能存在的影响，将四个指标同时纳入过度负债回归模型中，结果发现EVA指标和资本保值增值率指标仍然显著降低了上市公司的长期过度负债水平。

（2）短期过度负债回归结果

前文从长期过度负债的视角，研究了母公司结果控制对过度负债的影响。接下来，从短期过度负债视角，研究母公司结果控制对上市公司短期过度负债的影响。

①全面预算管理对上市公司短期过度负债影响的实证结果

表7-5为全面预算管理对上市公司短期过度负债影响的实证检验结果。从表中可以发现，当全面预算管理的主导机构为董事会时，上市公司的短期过度负债水平更低，该结论具有显著的经济意义和统计意义。这说明全面预算管理在集团母公司的地位越高，越有利于其治理效应的发挥。预算指标中包含资产负债率并不能降低上市公司的短期过度负债水平，这一方面可能与预算指标的执行力度有关，另一方面可能是因为我国企业集团预算指标中包含资产负债率指标的企业并不多，进而影响了结果的稳定性。当全面预算管理的编制方式为上下结合时能够显著降低上市公司的短期过度负债水平，这说明上下结合的预算编制方式一方面能够加强母子公司之间的信息沟通，降低信息不对称，另一方面也能够提高母子公司之间的相互了解，进而确保预算编制的合理性。综合来看，全面预算管理能够在一定程度上降低上市公司的短期过度负债水平，但是这种治理效应的有效发挥取决于全面预算管理的主导机构以及预算编制方式的合理设计。无论是从长期过度负债还是从短期过度负债视角看，董事会主导全面预算管理以及上下结合的预算编制方式都能够显著降低上市公司过度负债水平。

表7-5 全面预算管理对上市公司短期过度负债的影响

变量	(1)	(2)	(3)	(4)
BA	-0.340* (-1.80)			-0.418** (-2.12)
BB		0.234 (1.07)		0.142 (0.64)
BC			-0.211 (-1.33)	-0.296* (-1.76)
IND_LEV	4.202 (0.24)	7.542 (0.43)	6.670 (0.38)	5.064 (0.28)
FATA	0.762 (0.98)	0.794 (1.01)	0.874 (1.10)	0.937 (1.19)
GROWTH	-7.677*** (-7.83)	-4.418*** (-5.19)	-7.799*** (-7.90)	-7.643*** (-7.76)
ROA	-55.708*** (-9.35)	-55.512*** (-9.39)	-55.408*** (-9.38)	-55.432*** (-9.34)
SIZE	0.442*** (5.30)	0.428*** (5.19)	0.424*** (5.19)	0.452*** (5.43)
SHRCR1	-0.015* (-1.95)	-0.016** (-2.05)	-0.016** (-2.10)	-0.016** (-2.07)
NDTS	-14.536* (-1.77)	-14.810* (-1.81)	-16.244** (-1.99)	-14.012* (-1.71)
ETR	-1.130** (-2.05)	-1.010* (-1.84)	-0.981* (-1.77)	-0.997* (-1.79)
MANAOWN	10.708*** (3.01)	10.964*** (3.09)	11.222*** (3.16)	11.328*** (3.13)
行业	控制	控制	控制	控制
年份	控制	控制	控制	控制
样本量	704	704	704	704
PesuR^2	0.4243	0.4239	0.4232	0.4279

注：***、**、*分别表示1%、5%、10%的显著性水平。

②业绩评价控制对上市公司短期过度负债影响的实证结果

表7-6为业绩评价控制对上市公司短期过度负债影响的回归结果。从表中第（1）列可以看出，在中央企业对上市公司的业绩评价体系中，EVA所占的比例越高，也即EVA在业绩评价体系中的地位越重要，上市公司的过度负债水平越低，该结果具有显著的经济意义和统计意义。第（7）列为EVA与ROE对比分析的结果，从中可以看出，相比ROE指标，EVA业绩评价指标与短期过度负债之间呈现出显著的负向关系，而ROE与短期过度负债之间的关系并不显著。因此，从短期过度负债的视角来看，EVA考核指标更能够对上市公司过度负债发挥治理效应。另外，本书还对业绩评价指标中的四个指标与短期过度负债之间的关系进行研究，在单独的回归模型中可以发现，EVA指标和营业收入增长率指标（NPR）与短期过度负债之间存在显著的负向关系。为了避免四个业绩评价指标之间的相关性，本书将其纳入同一模型中进行分析，结果显示，EVA业绩评价指标显著降低了上市公司的短期过度负债水平。

表7-6 业绩评价控制对上市公司短期过度负债的影响

变量	（1）	（2）	（3）	（4）	（5）	（6）	（7）
REVA	-0.078** （-2.29）						
EVAR		-10.868** （-2.57）				-21.846* （-1.88）	-22.127* （-1.90）
PORR			0.023 （0.26）			0.006 （0.07）	0.010 （0.12）
CAPITAL				-0.320 （-1.01）		0.111 （0.26）	0.216 （0.44）
NPR					-13.104*** （-2.64）	4.054 （0.34）	10.813 （0.79）
ROE							-2.039 （-1.03）
IND_LEV	0.353*** （3.98）	3.054** （2.19）	4.821*** （3.00）	2.952** （2.10）	2.971** （2.13）	4.908*** （2.89）	4.943*** （2.91）
FATA	0.131 （1.20）	0.735 （0.97）	0.545 （0.66）	1.028 （1.37）	0.921 （1.22）	0.212 （0.25）	0.238 （0.29）
GROWTH	-0.667*** （-7.84）	-40.785*** （-9.45）	-39.828*** （-8.60）	-42.111*** （-9.71）	-40.576*** （-9.38）	-5.095*** （-5.99）	-5.037*** （-5.85）

续表

变量	(1)	(2)	(3)	(4)	(5)	(6)	(7)
ROA	-2.895***	-5.097***	-5.114***	-5.050***	-5.101***	-38.684***	-38.553***
	(-9.64)	(-6.37)	(-6.01)	(-6.31)	(-6.39)	(-8.33)	(-8.28)
SIZE	0.036***	0.295***	0.260***	0.315***	0.309***	0.231**	0.239**
	(2.69)	(3.56)	(2.84)	(3.80)	(3.74)	(2.48)	(2.56)
SHRCR1	-0.002*	-0.018**	-0.016*	-0.016**	-0.017**	-0.017**	-0.017**
	(-1.86)	(-2.27)	(-1.90)	(-2.12)	(-2.24)	(-2.05)	(-2.07)
NDTS	-4.064***	-32.851***	-29.424***	-33.105***	-32.697***	-29.512***	-30.242***
	(-3.57)	(-3.79)	(-3.18)	(-3.80)	(-3.76)	(-3.20)	(-3.26)
ETR	-0.043	-0.424	-0.414	-0.390	-0.416	-0.476	-0.514
	(-0.55)	(-0.94)	(-0.81)	(-0.87)	(-0.92)	(-0.92)	(-0.99)
MANAOWN	1.418***	19.714**	16.412**	19.228**	19.491**	16.935**	16.916**
	(2.82)	(2.43)	(2.03)	(2.42)	(2.41)	(2.02)	(2.06)
行业	控制	控制	控制	控制	控制	控制	控制
年份	控制	控制	控制	控制	控制	控制	控制
样本量	897	897	897	897	897	897	897
$PesuR^2$	0.433	0.362	0.325	0.353	0.358	0.338	0.339

注：***、**、*分别表示1%、5%、10%的显著性水平。

综上所述，一方面，通过理论分析可以发现，EVA考核能够显著降低上市公司的过度负债水平，而EVA在业绩评价体系中所占的比例反映了EVA考核指标对业绩评价控制的代表性，EVA考核对过度负债的治理效应能够在很大程度上反映业绩评价控制对过度负债的治理效应；另一方面，本书的实证结果显示，EVA在业绩评价体系中的比例，以及EVA制度与ROE对比结果都证明了EVA考核确实能够显著降低上市公司的过度负债水平。因此，本书的假设可以得到验证，也就是说业绩评价控制强度越高，上市公司过度负债水平越低。

7.3.4 进一步分析

(1) 全面预算管理对上市公司过度负债的影响——基于盈利能力的分组检验

以上分析主要是从母公司财务控制及其影响因素入手，检验财务控制及其具体设计机制对上市公司过度负债的影响。而上市公司自身特征也会对过度负债的治理效应产生差异化影响，因此，本章进一步按照行业盈利能力中位数将上市公司分为盈利能力强与盈利能力弱两组，分别检验全面预算管理和业绩评价控制对不同盈利能力上市公司过度负债的影响，具体回归结果分别见表7-7和表7-8。

表7-7　**全面预算管理对上市公司长期过度负债的影响**

——基于盈利能力的分组检验

变量	盈利能力弱	盈利能力强
BA	-0.004 (-0.27)	-0.015 (-0.96)
BB	-0.000 (-0.02)	0.011 (0.52)
BC	-0.019* (-1.68)	-0.011 (-0.63)
IND_LEV	0.451 (0.34)	-6.295 (-0.97)
FATA	0.110* (1.95)	0.011 (0.18)
GROWTH	0.012 (0.32)	0.014 (0.28)
SIZE	-0.016** (-2.29)	0.003 (0.31)
SHRCR1	0.000 (0.46)	-0.000 (-0.68)
NDTS	-0.726 (-1.29)	-0.558 (-0.91)
ETR	-0.022 (-0.83)	0.095 (1.04)
MANAOWN	-0.141 (-0.59)	0.302 (1.50)
行业	控制	控制
年份	控制	控制
样本量	204	168
$AdjR^2$	0.205	0.165

注：***、**、*分别表示1%、5%、10%的显著性水平。

表7-8 全面预算管理对上市公司短期过度负债的影响
——基于盈利能力的分组检验

变量	盈利能力弱	盈利能力强
BA	0.264 (0.92)	0.628 (1.58)
BB	0.587 (1.00)	-0.455 (-0.90)
BC	-0.248 (-1.15)	0.082 (0.18)
IND_LEV	12.221 (0.61)	-8.643 (-1.10)
FATA	0.175 (0.16)	5.061** (2.44)
GROWTH	-7.280*** (-5.68)	-6.804*** (-3.02)
SIZE	0.367*** (3.41)	0.538*** (2.84)
SHRCR1	-0.011 (-0.98)	-0.011 (-0.65)
NDTS	-10.269 (-0.91)	-10.337*** (-3.81)
ETR	-0.458 (-0.83)	0.590 (0.24)
MANAOWN	29.185 (1.60)	4.851 (1.19)
行业	控制	控制
年份	控制	控制
样本量	351	319
$PseuR^2$	0.4147	0.2629

注：***、**、*分别表示1%、5%、10%的显著性水平。

从表7-7和表7-8中可以看出，当全面预算管理的编制方式为上下结合时，能够显著降低盈利能力弱企业的长期过度负债水平，而对于盈利能力强企业的长期过度负债并未发挥显著的抑制效应。从短期过度负债的回归结果来看，全面预算管理对不同盈利能力上市公司的短期过度负债并未发挥显著的治理效应。这可能是因为，盈利能力强的企业对外部债务融资的需求较低，因此过度负债的概率更低，而盈利能力较差的企业对外部资金的需求更高，更有可能产生过度负债，因此，全面预算管理能够在一定程度上降低盈利能力弱企业的长期过度负债水平。此外，盈利能力弱的企业债务违约风险更高，面临的财务风险更高，对集团财务风险的提升具有加剧效应。因此，集团母公司更加关注对盈利能力弱企业财务风险的管控。

（2）全面预算管理对上市公司过度负债的影响——基于成长性的分组检验

接下来，按照上市公司成长性指标的年度行业中位数将其划分为成长性高与成长性低两组，分别检验全面预算管理对不同成长性企业过度负债的影响。具体回归结果分别见表7-9和表7-10。

从表7-9和表7-10中可以看出，当全面预算管理的编制方式为上下结合时，能够显著降低成长性低企业的长期过度负债水平，但是全面预算管理对成长性高企业的过度负债的抑制效应并不显著。且从短期过度负债的回归结果中可以看出，全面预算管理对短期过度负债的影响并不显著。这可能是因为成长性低的企业，投资机会更少，未来取得较高投资回报的概率更低，长期过度负债的违约风险更高，因此全面预算管理对其的治理效应更加显著。

（3）业绩评价控制对上市公司过度负债的影响——基于盈利能力的分组检验

接下来，从业绩评价控制的视角，研究业绩评价控制对不同盈利能力企业过度负债的影响。按照上市公司盈利能力行业中位数将样本分为盈利能力强与盈利能力弱的上市公司，分别检验业绩评价控制对不同盈利能力上市公司过度负债的影响，具体回归结果分别见表7-11和表7-12。

表7-9　　全面预算管理对上市公司长期过度负债的影响
——基于成长性的分组检验

变量	成长性低	成长性高
BA	-0.015 (-1.02)	-0.016 (-1.14)
BB	-0.022 (-1.31)	0.024 (1.51)
BC	-0.026** (-2.17)	0.004 (0.35)
IND_LEV	-0.064 (-0.00)	-1.921 (-0.03)
FATA	0.032 (0.54)	0.009 (0.16)
ROA	-0.503*** (-4.23)	-0.999*** (-4.79)
SIZE	-0.014** (-2.14)	0.002 (0.32)
SHRCR1	-0.000 (-0.74)	0.001** (2.18)
NDTS	-1.175** (-2.16)	0.173 (0.30)
ETR	0.001 (0.03)	0.009 (0.27)
MANAOWN	-0.076 (-0.41)	0.288 (1.42)
行业	控制	控制
年份	控制	控制
样本量	190	182
$AdjR^2$	0.294	0.277

注：***、**、*分别表示1%、5%、10%的显著性水平。

表7-10　　全面预算管理对上市公司短期过度负债的影响
——基于成长性的分组检验

变量	成长性低	成长性高
BA	0.302 (0.84)	0.270 (0.78)
BB	0.501 (1.36)	0.025 (0.06)
BC	−0.264 (−0.89)	−0.270 (−0.78)
IND_LEV	3.932*** (3.52)	1.375 (0.89)
FATA	0.048 (0.04)	3.833** (2.43)
ROA	−62.575*** (−7.36)	−49.525*** (−5.63)
SIZE	0.471*** (3.44)	0.281* (1.77)
SHRCR1	−0.025* (−1.82)	−0.008 (−0.57)
NDTS	−35.072** (−2.32)	−59.934*** (−2.98)
ETR	−0.705 (−0.92)	1.436 (1.58)
MANAOWN	23.830* (1.73)	19.857* (1.94)
行业	控制	控制
年份	控制	控制
样本量	358	333
$PseuR^2$	0.4699	0.3128

注：***、**、*分别表示1%、5%、10%的显著性水平。

表7-11　业绩评价控制对上市公司长期过度负债的影响
——基于盈利能力的分组检验

变量	盈利能力弱	盈利能力强
REVA	-0.016* (-1.94)	-0.011 (-1.56)
IND_LEV	0.161 (0.10)	-0.110 (-0.00)
FATA	0.061* (1.96)	0.010 (0.35)
GROWTH	0.103*** (4.27)	0.037 (1.58)
SIZE	-0.002 (-0.58)	-0.011*** (-3.48)
SHRCR1	0.000 (0.79)	0.000 (0.72)
NDTS	-0.767** (-2.31)	-0.284 (-0.99)
ETR	-0.030* (-1.67)	0.014 (0.37)
MANAOWN	-0.054 (-0.29)	0.161 (1.46)
行业	控制	控制
年份	控制	控制
样本量	204	168
$AdjR^2$	0.218	0.128

注：***、**、*分别表示1%、5%、10%的显著性水平。

表7-12　　业绩评价控制对上市公司短期过度负债的影响
——基于盈利能力的分组检验

变量	盈利能力弱	盈利能力强
REVA	-0.181 (-1.02)	0.020 (0.07)
IND_LEV	3.011*** (3.07)	-2.163 (-0.34)
FATA	0.454 (0.39)	1.261 (1.17)
GROWTH	-8.351*** (-5.29)	-4.890*** (-4.47)
SIZE	-0.210 (-1.35)	0.408*** (3.40)
SHRCR1	0.008 (0.58)	-0.006 (-0.64)
NDTS	-2.806 (-0.22)	-44.929*** (-3.63)
ETR	-0.794 (-1.12)	-2.622* (-1.90)
MANAOWN	24.206*** (2.81)	1.876 (0.42)
行业	控制	控制
年份	控制	控制
样本量	385	463
$PseuR^2$	0.3337	0.2414

注：***、**、*分别表示1%、5%、10%的显著性水平。

从长期过度负债的回归结果来看，业绩评价体系中EVA所占的比例越高，越能降低盈利能力弱上市公司的过度负债，这说明EVA对长期过度负债的治理效应主要集中在盈利能力弱的企业中。这可能是因为盈利能力弱的企业自身内部现金流不足，对外部债务的需求更高，而短期负债的偿还压力较大，因此其更可能出现长期过度负债；同时，盈利能力弱使得其未来发生债务违约的风险更大，因此，业绩评价控制主要对这类企业的过度负债风险发挥了显著的治理效应。另外，从短期过度负债的回归结果来看，业绩评价控制对不同盈利能力企业短期过度负债的治理效应并不存在显著的治理效应。这可能是因为，相比于长期负债，短期负债的期限短，偿还压力更大，对企业的约束力更强，因此短期负债的治理效应比长期负债更强，这就降低了业绩评价控制对不同盈利能力企业短期过度负债的关注。

（4）业绩评价控制对上市公司过度负债的影响——基于成长性的分组检验

成长性是影响上市公司外部债务融资需求以及债务融资能力的重要因素，因此，本书按照上市公司所在行业成长性指标中位数，将样本划分为成长性高与成长性低的上市公司，进而研究业绩评价控制对不同成长性上市公司过度负债的影响，具体回归结果分别见表7-13和表7-14。

从表7-13和表7-14中的结果可以发现，业绩评价控制对长期过度负债与短期过度负债的治理效应主要体现在成长性低的企业中。这可能是因为，一方面，成长性低的企业更可能出现大规模举债，出现过度负债的概率更高；另一方面，成长性低的企业投资机会少，未来取得较高盈利的可能性更低，因此出现长期过度负债的概率也更高。因此，业绩评价控制对该类成长性低的企业发挥了显著的治理效应。

综合上述回归分析结果来看，业绩评价控制能够对上市公司过度负债发挥显著的治理效应，且其发挥治理效应的主要途径是通过EVA考核指标的实施实现的，相比于ROE业绩评价指标，EVA对过度负债的治理效果更好。这为国资委改变对中央企业的业绩评价指标并增加EVA考核指标的权重，提供了过度负债治理方面的经验支持。另外，本章的结果显示，业绩评价控制对过度负债的治理效应主要集中在盈利能力弱、成长性低的上市公司中，这可能是因为这两类企业出现过度负债的概率更高。

表7-13　　业绩评价控制对上市公司长期过度负债的影响
——基于成长性的分组检验

变量	成长性低	成长性高
REVA	-0.018**	-0.010
	(-2.19)	(-1.37)
IND_LEV	0.344	-2.663
	(0.22)	(-0.05)
FATA	0.052*	0.046
	(1.82)	(1.37)
ROA	-0.461***	-0.630***
	(-6.29)	(-6.89)
SIZE	-0.003	-0.006*
	(-0.77)	(-1.87)
SHRCR1	-0.000	0.001*
	(-0.70)	(1.82)
NDTS	-0.776**	-0.246
	(-2.56)	(-0.72)
ETR	-0.041*	-0.013
	(-1.92)	(-0.57)
MANAOWN	0.056	0.171
	(0.36)	(1.33)
行业	控制	控制
年份	控制	控制
样本量	190	182
$AdjR^2$	0.242	0.230

注：***、**、*分别表示1%、5%、10%的显著性水平。

表7-14　业绩评价控制对上市公司短期过度负债的影响——基于成长性的分组检验

变量	成长性低	成长性高
REVA	-0.692**	0.233
	(-2.09)	(0.45)
IND_LEV	0.803	5.550*
	(0.37)	(1.86)
FATA	0.654	-2.210
	(0.31)	(-0.62)
ROA	-64.498***	-82.134***
	(-5.49)	(-3.37)
SIZE	0.227	0.075
	(0.96)	(0.19)
SHRCR1	-0.015	-0.014
	(-0.61)	(-0.44)
NDTS	-73.677***	-74.015
	(-2.83)	(-1.43)
ETR	0.325	-1.208
	(0.28)	(-0.63)
MANAOWN	36.871**	37.342
	(2.42)	(1.08)
行业	控制	控制
年份	控制	控制
样本量	368	284
$PseuR^2$	0.392	0.330

注：***、**、*分别表示1%、5%、10%的显著性水平。

7.3.5　稳健性检验

为了保证研究结论的稳定性，下面改变过度负债的度量方式，对本章的假设进行进一步检验。

(1) 结果控制对上市公司长期过度负债的影响

①采用资产负债率行业均值度量方式

a.全面预算管理对长期过度负债的影响

考虑到过度负债指标度量方式可能存在的误差，本书将采用资产负债率的行业均值作为企业的目标资产负债率，然后根据企业实际资产负债率超过目标资产负债率的部分作为过度负债率，进而研究全面预算管理对长期过度负债的影响，具体回归结果见表7-15。

根据行业资产负债率均值得出的结果可以看出，当全面预算管理的主导机构为董事会时，能够对过度负债发挥一定的治理效应，但是结果并不显著，而上下结合的全面预算编制方式能够显著降低上市公司的过度负债水平，这一结论在两种度量方式下都表现出显著的抑制效应。与主检验结果不同的是，当预算指标中包含资产负债率指标时，反而显著提高了上市公司的过度负债水平，这可能是因为不同度量方式带来的影响。接下来将采用资产负债率行业中位数进行分析。

b.业绩评价控制对长期过度负债的影响

为了检验业绩评价控制对上市公司长期过度负债影响结果的稳健性，本书将改变过度负债度量方式，采用行业资产负债率均值作为目标资产负债率的度量指标，得出的结论依然成立，具体结果见表7-16。从表中第(1)列的回归结果来看，央企业绩评价体系中EVA所占比例越高，上市公司的过度负债水平越低。第(7)列中ROE与EVA的对比分析回归结果显示，相比于ROE指标，EVA考核指标显著降低了上市公司的过度负债水平，这说明相比于ROE，EVA确实对过度负债发挥了显著的治理效应，该结论具有一定的稳定性。进一步，本书还将业绩评价体系中的四个指标分别代入过度负债模型进行回归，结果发现，EVAR与上市公司过度负债之间存在显著的负相关关系，这说明EVA业绩评价指标显著降低了上市公司的过度负债水平，国有资本保值增值率（CAPITAL）也显著降低了上

表7-15　　全面预算管理对长期过度负债的影响

变量	(1)	(2)	(3)	(4)
BA	-0.005 (-0.62)			-0.001 (-0.07)
BB		0.029 (0.45)		0.026 (0.03)
BC			-0.019*** (-2.90)	-0.016** (-2.27)
IND_LEV	0.233 (0.00)	0.237 (0.00)	0.199 (0.00)	0.216 (0.00)
FATA	0.068** (2.08)	0.071** (2.20)	0.079** (2.42)	0.080** (2.46)
GROWTH	-0.034 (-1.31)	-0.030 (-1.14)	-0.029 (-1.11)	-0.025 (-0.97)
ROA	-0.821*** (-10.10)	-0.819*** (-10.20)	-0.823*** (-10.22)	-0.825*** (-10.27)
SIZE	0.039*** (11.76)	0.040*** (12.30)	0.039*** (12.11)	0.040*** (12.20)
SHRCR1	-0.001*** (-3.52)	-0.001*** (-3.70)	-0.001*** (-3.73)	-0.001*** (-3.86)
NDTS	-0.751** (-2.30)	-0.593* (-1.82)	-0.776** (-2.39)	-0.646** (-1.98)
ETR	-0.096*** (-4.32)	-0.089*** (-4.03)	-0.089*** (-4.00)	-0.084*** (-3.76)
MANAOWN	-0.032 (-0.25)	-0.021 (-0.17)	-0.011 (-0.09)	-0.002 (-0.02)
行业	控制	控制	控制	控制
年份	控制	控制	控制	控制
样本量	715	715	715	715
$AdjR^2$	0.336	0.347	0.344	0.351

注：***、**、*分别表示1%、5%、10%的显著性水平。

市公司的过度负债水平，而利润总额（PORR）与营业收入增长率（NPR）指标并不能对上市公司的长期过度负债产生显著的治理效应。从综合回归模型来看，EVAR和国有资本保值增值率（CAPITAL）与长期过度负债之间依然存在显著的负向关系，而其他指标依然不显著。

表7-16　　业绩评价控制对上市公司长期过度负债的影响（行业均值法）

变量	(1)	(2)	(3)	(4)	(5)	(6)	(7)
REVA	-0.018* (-1.93)						
EVAR		-0.411** (-2.26)				-1.347*** (-2.94)	-1.336*** (-2.92)
PORR			0.001 (0.24)			0.002 (0.40)	0.002 (0.37)
CAPITAL				-0.024* (-1.86)		-0.024* (-1.69)	-0.027* (-1.86)
NPR					-0.180 (-0.92)	1.184** (2.34)	0.958* (1.72)
ROE							0.069 (0.97)
IND_LEV	0.965 (0.54)	-0.047 (-0.00)	0.228 (0.14)	0.015 (0.00)	-0.053 (-0.00)	0.244 (0.15)	0.180 (0.11)
FATA	0.020 (0.57)	0.030 (0.96)	0.069* (1.81)	0.036 (1.15)	0.035 (1.11)	0.057 (1.51)	0.058 (1.53)
GROWTH	-0.076*** (-2.98)	0.079*** (3.45)	0.080*** (3.08)	0.078*** (3.43)	0.078*** (3.40)	0.084*** (3.27)	0.082*** (3.15)
ROA	-0.663*** (-7.30)	-0.606*** (-7.22)	-0.603*** (-6.33)	-0.599*** (-7.02)	-0.616*** (-7.20)	-0.584*** (-5.98)	-0.588*** (-6.01)
SIZE	0.055*** (12.97)	-0.010** (-2.47)	-0.007 (-1.52)	-0.009** (-2.27)	-0.010** (-2.44)	-0.005 (-1.16)	-0.006 (-1.24)
SHRCR1	-0.000 (-1.30)	0.001* (1.73)	0.000 (1.37)	0.001 (1.63)	0.001* (1.72)	0.000 (1.14)	0.000 (1.24)
NDTS	-0.429 (-1.16)	-0.457 (-1.40)	-0.753* (-1.95)	-0.491 (-1.50)	-0.480 (-1.46)	-0.739* (-1.94)	-0.724* (-1.90)
ETR	-0.080*** (-3.59)	-0.012 (-0.63)	-0.008 (-0.33)	-0.011 (-0.58)	-0.011 (-0.57)	-0.013 (-0.55)	-0.011 (-0.47)
MANAOWN	-0.098 (-0.67)	0.029 (0.23)	0.054 (0.31)	0.027 (0.21)	0.025 (0.19)	0.062 (0.36)	0.059 (0.34)
行业	控制	控制	控制	控制	控制	控制	控制
年份	控制	控制	控制	控制	控制	控制	控制
样本量	506	913	913	913	913	913	913
$AdjR^2$	0.442	0.341	0.324	0.338	0.341	0.326	0.421

注：***、**、*分别表示1%、5%、10%的显著性水平。

②采用资产负债率的行业中位数度量

a.全面预算管理对上市公司长期过度负债的影响

接下来，本书将采用资产负债率的行业中位数作为目标资产负债率的替代指标，然后根据企业实际资产负债率与目标资产负债率之间的差额，将超出目标资产负债率的部分定义为过度负债，再次验证全面预算管理对长期过度负债的影响，具体回归结果见表7-17。表7-17得出的结论与前文结论一致，即当全面预算的编制方式为上下结合时，能够显著降低上市公司的过度负债水平，但是将资产负债率指标纳入预算指标体系时，反而显著提高了上市公司的过度负债水平。这说明将资产负债率纳入预算指标并未对过度负债发挥显著的治理效应，这一方面可能受样本量的影响，另一方面可能是因为预算执行力度不够，导致该指标未发挥显著的约束作用。

b.业绩评价控制对上市公司长期过度负债的影响

接下来，本书将采用行业中位数法度量过度负债，再次检验业绩评价控制对过度负债的影响，具体回归结果见表7-18。从表中第（1）列可以看出，EVA在业绩评价中的权重与上市公司过度负债之间存在显著的负相关关系。第（7）列中ROE指标与EVA指标的对比分析结果显示，相比ROE指标，EVA指标与过度负债之间存在着显著的负向关系，而ROE对过度负债并未发挥显著的治理作用。另外，将业绩评价体系的四个指标分别代入模型进行回归的结果显示，EVAR和国有资本保值增值率（CAPITAL）与上市公司长期过度负债之间仍然存在着显著的负向关系，说明业绩评价控制中的EVA和国有资本保值增值指标（CAPITAL）能够显著降低上市公司的长期过度负债水平。

c.采用主成分分析法

为了检验业绩评价控制对上市公司过度负债的影响，接下来采用主成分分析的方法提取业绩评价综合指标，研究业绩评价综合指标对过度负债的影响。主成分分析法是由Hotelling（1933）首次提出的，通过对原始指标（本书为业绩评价指标）相关矩阵内部结构关系的研究，找出影响某一经济状况（本书为集团业绩评价状况）的几个综合指标（主成分），使综合指标为原始指标的线性组合。

表7-17　**全面预算管理对上市公司长期过度负债的影响（行业中位数法）**

变量	(1)	(2)	(3)	(4)
BA	−0.003 (−0.37)			0.001 (0.09)
BB		0.030 (0.49)		0.027 (0.11)
BC			−0.017** (−2.57)	−0.014** (−1.99)
IND_LEV	0.496 (0.00)	0.483 (0.00)	0.480 (0.00)	0.494 (0.00)
FATA	0.074** (2.24)	0.077** (2.36)	0.084** (2.53)	0.085*** (2.59)
GROWTH	−0.034 (−1.30)	−0.029 (−1.13)	−0.029 (−1.12)	−0.026 (−0.98)
ROA	−0.823*** (−10.01)	−0.824*** (−10.14)	−0.827*** (−10.13)	−0.828*** (−10.17)
SIZE	0.037*** (11.09)	0.038*** (11.58)	0.037*** (11.37)	0.038*** (11.50)
SHRCR1	−0.001*** (−3.11)	−0.001*** (−3.30)	−0.001*** (−3.30)	−0.001*** (−3.44)
NDTS	−0.785** (−2.37)	−0.631* (−1.92)	−0.814** (−2.48)	−0.675** (−2.04)
ETR	−0.095*** (−4.23)	−0.088*** (−3.93)	−0.089*** (−3.93)	−0.083*** (−3.69)
MANAOWN	−0.059 (−0.47)	−0.046 (−0.37)	−0.040 (−0.31)	−0.030 (−0.24)
行业	控制	控制	控制	控制
年份	控制	控制	控制	控制
样本量	715	715	715	715
$AdjR^2$	0.344	0.355	0.350	0.357

注：***、**、*分别表示1%、5%、10%的显著性水平。

表7-18 **业绩评价控制对上市公司长期过度负债的影响（行业中位数法）**

变量	(1)	(2)	(3)	(4)	(5)	(6)	(7)
REVA	-0.020** (-2.06)						
EVAR		-0.794*** (-3.13)				-1.270* (-1.93)	-1.269* (-1.93)
PORR			-0.006 (-1.12)			-0.007 (-1.25)	-0.007 (-1.25)
CAPITAL				-0.036** (-2.43)		-0.033** (-2.01)	-0.033* (-1.97)
NPR					-0.525* (-1.94)	0.777 (1.09)	0.766 (0.97)
ROE							0.003 (0.03)
IND_LEV	0.970 (0.54)	-0.550 (-0.66)	0.097 (0.10)	-0.290 (-0.35)	-0.513 (-0.61)	-0.083 (-0.09)	-0.084 (-0.09)
FATA	0.024 (0.67)	0.026 (0.61)	0.069 (1.26)	0.039 (0.90)	0.034 (0.78)	0.048 (0.90)	0.049 (0.89)
GROWTH	-0.076*** (-2.96)	0.073** (2.41)	0.072** (2.05)	0.073** (2.40)	0.069** (2.24)	0.087** (2.45)	0.086** (2.43)
ROA	-0.669*** (-7.27)	-0.645*** (-5.07)	-0.651*** (-4.42)	-0.594*** (-4.45)	-0.658*** (-5.10)	-0.525*** (-3.46)	-0.525*** (-3.44)
SIZE	0.054*** (12.60)	-0.039*** (-5.12)	-0.037*** (-4.05)	-0.037*** (-4.81)	-0.037*** (-4.88)	-0.037*** (-4.12)	-0.037*** (-4.11)
SHRCR1	-0.000 (-1.04)	0.000 (0.31)	-0.000 (-0.67)	0.000 (0.07)	0.000 (0.28)	-0.000 (-0.86)	-0.000 (-0.85)
NDTS	-0.492 (-1.31)	-0.695 (-1.52)	-0.964* (-1.77)	-0.811* (-1.77)	-0.753 (-1.62)	-0.764 (-1.42)	-0.762 (-1.41)
ETR	-0.078*** (-3.48)	-0.035 (-1.13)	-0.033 (-0.83)	-0.034 (-1.08)	-0.033 (-1.05)	-0.042 (-1.09)	-0.042 (-1.08)
MANAOWN	-0.100 (-0.68)	-0.037 (-0.26)	-0.112 (-0.60)	-0.035 (-0.25)	-0.041 (-0.29)	-0.106 (-0.57)	-0.106 (-0.57)
行业	控制	控制	控制	控制	控制	控制	控制
年份	控制	控制	控制	控制	控制	控制	控制
样本量	913	913	913	913	913	913	913
$AdjR^2$	0.466	0.356	0.337	0.346	0.341	0.374	0.356

注：***、**、*分别表示1%、5%、10%的显著性水平。

在选取主成分指标时，应该满足以下要求：第一，指标要具有全面性，要求能够反映企业业绩评价的全面信息；第二，要选择那些能够对预测企业业绩有指示作用的重要业绩评价指标；第三，指标要具有趋同性，即当业绩评价指标增大时，表示业绩状况的提高，反之业绩评价指标下降时，表示业绩状况下降。

以下为采用主成分分析提取母公司业绩评价综合指标的步骤：

第一，样本的选择：选取中央企业集团2011—2015年的业绩评价指标数据，数据来源是国资委监制的《中央企业经济运行报告》。

第二，业绩评价指标的选择：2009年国资委修订了对中央企业的考核办法，将之前采用净资产收益率（ROE）改变为经济增加值（EVA），其他主要指标包括：利润总额、国有资本保值增值率、营业收入增长率，在实施过程中采用等级打分制度，其中EVA的基本分为40分，所占的比重最高，利润总额的基本分为30分，国有资本保值增值率的基本分为15分，营业收入增长率的基本分为15分。国资委将根据中央企业各指标上一年度的数值与前三年的移动平均值两者中较低者，与本年的指标进行对比分析，如果本年业绩指标数值发生了下降，则在基本分的基础上进行扣分，如果本年的指标超过了两者中的最低者，则进行加分处理。最后，国资委将根据各业绩评价指标的综合得分乘以国资委的打分权重，得出中央企业的业绩评价的综合得分，并根据该综合得分进行评级。评级分为A、B、C、D、E五个等级，被评为A级的中央企业将得到一定的奖励，而评级为C级的中央企业管理层将受到惩罚，严重者将被辞聘。

第三，估计样本业绩评价数据的主成分处理。假设样本数为n，选取的业绩评价数为k，则由估计样本的原始数据可得矩阵：

$$Y=\begin{pmatrix} Y_{11} & Y_{12} & Y_{13} & \cdots & Y_{1K} \\ Y_{21} & Y_{22} & Y_{23} & \cdots & Y_{2K} \\ Y_{31} & Y_{32} & Y_{33} & \cdots & Y_{3K} \\ Y_{41} & Y_{42} & Y_{43} & \cdots & Y_{4K} \\ Y_{51} & Y_{52} & Y_{53} & \cdots & Y_{5K} \\ \vdots & \vdots & \vdots & \cdots & \vdots \\ Y_{n1} & Y_{n2} & Y_{n3} & \cdots & Y_{nK} \end{pmatrix}$$

其中：Y_{ij}为集团i的第j项业绩评价指标。首先，利用公式$X_{ij}=(Y_{ij}-EY_j)\div DY_j$（$EY_j$为第j项财务比率数据的均值，$DY_j$为第j项财务比率数据的方差）进行标准化处理，得到标准化后的数据矩阵X。然后，根据公式：r_{ij}=Cov（x_i，x_j）和$DX_iDX_j=EX_iEX_j$计算标准化后财务比率i与财务比率j之间的相关系数，得到相关系数矩阵R。$R=XX^T\div(n-1)$，然后计算R的特征值λ和特征向量u。最后，根据标准化处理后的X计算出主成分。

第四，确定和解释主成分。在构造业绩评价预测模型之前，先设定希望主成分所包含的总体信息程度，即累计贡献率，然后选定S个主成分，并对主成分的经济含义进行解释，为了更好地估计各财务比率对主成分的作用，引进“因子负荷量”的概念，因子负荷量是主成分Z_l与原始指标X_i的相关系数ρ（Z_l，X_i），因子负荷量揭示了主成分与各财务比率之间关系的相关程度，利用它可以较好地解释主成分的经济意义。

从表7-19中可以看出，前两个主成分的特征根大于1，累积解释了业绩评价指标的80%，能够较好地对业绩评价体系进行解释，因此，选择前两个主成分代替本书的业绩评价指标体系。接下来计算各主成分的载荷量，载荷量反映了各因子能够解释主成分的部分，具体结果见表7-20。

表7-19 **主成分特征根信息**

主成分	特征根	方差	解释差异	累积解释差异
Comp1	2.05	1.00	0.50	0.50
Comp2	1.00	0.20	0.25	0.80
Comp3	0.80	0.70	0.21	0.97
Comp4	0.11	0.00	0.03	1.00

表7-20 **因子载荷量表**

变量	Comp1	Comp2	Comp3	Comp4
EVAR	0.66	-0.04	-0.28	0.70
PORR	-0.02	0.99	-0.16	0.01
CAPITAL	0.37	0.15	0.92	0.03
NPR	0.66	-0.02	-0.24	-0.71

从表7-20中构建由原始变量组成的主成分度量指标：其中Comp1=0.66×EVAR+（-0.02）×PORR+0.37×CAPITAL+0.66×NPR；Comp2=（-0.04）×EVAR+0.99×PORR+0.15×CAPITAL+（-0.02）×NPR，最后得出主成分变量M=0.5×Comp1+0.3×Comp2，将得出的主成分M代入回归模型中作为绩

效评价的替代变量，具体回归结果见表7-21。从表7-21中的主成分回归结果可以发现，业绩评价控制确实对上市公司的长期过度负债发挥了积极的治理效应，在三种过度负债的度量方式下，业绩评价都显示出对过度负债的显著治理效应。

表7-21　**业绩评价控制对上市公司长期过度负债的影响（主成分分析法）**

变量	OVERLEV1	OVERLEV2	OVERLEV3
M	-0.069** (-2.32)	-0.072** (-2.06)	-0.070* (-1.94)
IND_LEV	0.223 (0.14)	0.405 (0.20)	0.408 (0.20)
FATA	0.093* (1.67)	0.050 (0.77)	0.053 (0.79)
GROWTH	0.116*** (3.30)	-0.027 (-0.65)	-0.032 (-0.75)
ROA	-0.547*** (-3.92)	-0.511*** (-3.12)	-0.521*** (-3.10)
SIZE	-0.028*** (-2.80)	0.031*** (2.63)	0.030** (2.47)
SHRCR1	0.000 (0.55)	-0.001 (-0.88)	-0.000 (-0.74)
NDTS	-1.313** (-2.34)	-0.230 (-0.35)	-0.313 (-0.46)
ETR	0.001 (0.04)	-0.068* (-1.66)	-0.066 (-1.55)
MANAOWN	0.061 (0.32)	-0.029 (-0.13)	-0.058 (-0.25)
行业	控制	控制	控制
年份	控制	控制	控制
样本量	531	724	724
$AdjR^2$	0.171	0.324	0.329

注：***、**、*分别表示1%、5%、10%的显著性水平。

（2）结果控制对短期过度负债的影响

①改变短期过度负债的度量方式

a.全面预算管理对短期过度负债的影响

借鉴陆正飞等（2015）的研究方法，将利息覆盖率低于2.5定义为短期过度负债。利用全面预算管理数据对短期过度负债进行回归，具体回归结果见表7-22。从表中的回归结果可以看出，全面预算编制方式为上下结合时能够显著降低上市公司的短期过度负债水平，其他两种全面预算机制与过度负债之间的关系并不显著。

表7-22　**全面预算管理对上市公司短期过度负债的影响（稳健性检验）**

变量	（1）	（2）	（3）	（4）
BA	-0.456 (-1.26)			0.018 (0.04)
BB		0.238 (0.57)		-0.575 (-1.24)
BC			-0.663** (-2.13)	-0.949** (-2.53)
IND_LEV	2.504*** (3.69)	2.370*** (3.46)	2.429*** (3.56)	2.362*** (3.42)
FATA	2.248 (1.50)	2.279 (1.51)	2.721* (1.76)	10.442** (2.33)
GROWTH	-6.510*** (-4.95)	-6.297*** (-4.90)	-6.289*** (-4.85)	-6.780*** (-4.51)
ROA	-49.131*** (-6.68)	-48.803*** (-6.66)	-47.199*** (-6.48)	-61.739*** (-6.67)
SIZE	0.498*** (2.90)	0.533*** (3.05)	0.557*** (3.21)	0.530*** (2.70)
SHRCR1	-0.003 (-0.23)	-0.002 (-0.15)	-0.002 (-0.17)	-0.008 (-0.57)
NDTS	-32.634** (-2.06)	-28.979* (-1.84)	-34.590** (-2.15)	-50.191*** (-2.58)
ETR	0.753 (1.08)	0.811 (1.16)	0.912 (1.27)	0.174 (0.24)
MANAOWN	19.047* (1.75)	19.578* (1.79)	24.100** (2.04)	31.697** (2.14)
行业	控制	控制	控制	控制
年份	控制	控制	控制	控制
样本量	685	685	685	685
PesuR^2	0.6176	0.6180	0.6217	0.6228

注：***、**、*分别表示1%、5%、10%的显著性水平。

b.业绩评价控制对短期过度负债的影响

接下来将分析业绩评价控制对短期过度负债的影响，本部分分别采用改变短期过度负债度量方式与采用主成分分析得出的业绩评价综合得分两种方式，研究业绩评价控制对短期过度负债的影响，具体回归结果见表7-23。表中第（1）列的结果显示，EVA在业绩评价体系中的权重越大，上市公司短期过度负债水平越低，该结论依然成立。从具体业绩评价指标来看，EVAR能够显著降低上市公司的短期过度负债水平，从主成分分析指标（M）来看，业绩评价控制能够显著降低上市公司的短期过度负债水平。这说明从总体来看，业绩评价控制能够显著降低上市公司的过度负债水平，其中EVA评价指标发挥了最关键的作用。

表7-23　**业绩评价控制对上市公司短期过度负债的影响（稳健性检验）**

变量	(1)	(2)	(3)	(4)	(5)	(6)	(7)
REVA	-0.078** (-2.29)						
EVAR		-13.641** (-2.44)					-27.656* (-1.91)
PORR			-0.031 (-0.21)				-0.059 (-0.42)
CAPITAL				-0.210 (-0.64)			0.088 (0.25)
NPR					-12.734** (-2.26)		7.801 (0.53)
M						-7.211* (-1.92)	
IND_LEV	0.353*** (3.98)	4.661 (0.84)	4.837 (0.82)	5.086 (0.91)	4.366 (0.78)	3.247* (1.79)	4.058 (0.68)
FATA	0.131 (1.20)	1.278 (1.31)	1.710 (1.62)	1.714* (1.79)	1.418 (1.47)	1.265 (0.68)	1.106 (1.03)

续表

变量	(1)	(2)	(3)	(4)	(5)	(6)	(7)
GROWTH	-0.667***	-23.633***	-24.841***	-24.721***	-23.673***	-4.590***	-23.753***
	(-7.84)	(-5.96)	(-5.58)	(-6.12)	(-5.96)	(-3.20)	(-5.46)
ROA	-2.895***	-3.515***	-3.584***	-3.489***	-3.583***	-39.576***	-3.566***
	(-9.64)	(-4.28)	(-4.02)	(-4.26)	(-4.37)	(-4.27)	(-3.95)
SIZE	0.036***	0.057	-0.039	0.078	0.082	-0.335	-0.086
	(2.69)	(0.42)	(-0.26)	(0.57)	(0.60)	(-0.95)	(-0.55)
SHRCR1	-0.002*	-0.014	-0.018*	-0.014	-0.014	0.019	-0.018*
	(-1.86)	(-1.45)	(-1.71)	(-1.49)	(-1.44)	(1.01)	(-1.71)
NDTS	-4.064***	-28.455***	-32.092***	-31.610***	-28.962***	-21.834	-28.030**
	(-3.57)	(-2.72)	(-2.87)	(-3.04)	(-2.78)	(-1.09)	(-2.47)
ETR	-0.043	-0.023	0.189	0.025	-0.027	-0.252	0.069
	(-0.55)	(-0.04)	(0.26)	(0.04)	(-0.04)	(-0.22)	(0.10)
MANAOWN	1.418***	16.644***	14.545**	15.721***	16.434***	-4.590***	15.831**
	(2.82)	(3.12)	(2.53)	(3.09)	(3.12)	(-3.20)	(2.54)
行业	控制	控制	控制	控制	控制	控制	控制
年份	控制	控制	控制	控制	控制	控制	控制
样本量	897	897	897	897	897	897	897
PesuR^2	0.283	0.2875	0.2809	0.2789	0.2862	0.2814	0.3000

注：***、**、*分别表示1%、5%、10%的显著性水平。

7.4 主要结论

本章从过度负债视角，检验了母公司财务控制方式中的结果控制对过度负债的影响，具体从全面预算管理与业绩评价两个方面，实证检验了结果控制对过度负债的影响。首先，从长期过度负债的回归结果来看，当全面预算的主导机构为董事会或者预算的编制方式是为上下结合时，能够显著降低上市公司的过度负债水平。资产负债率指标纳入预算指标体系并未对过度负债发挥显著的治理效应。在中央企业对其控制上市公司的业绩评价体系中，EVA所占的比例越大，上市公司的过度负债水平越低，另外，相比于ROE业绩评价指标，EVA指标对过度负债具有显著的治理效应，而ROE指标并没有对过度负债产生显著的治理效应，这为国资委改变对中央企业的业绩评价指标提供了经验支持。另外，通过对中央企业业绩评价指标体系中的所有指标进行主成分分析，提取业绩评价综合指标，代入模型回归后得出的结果显示，业绩评价显著降低了上市公司的过度负债水平。其次，从短期过度负债来看，只有当全面预算的编制方式为上下结合时，才能够显著降低上市公司的过度负债水平。业绩评价体系中EVA权重越高，上市公司过度负债水平显著越低。相比于ROE指标，EVA指标对短期过度负债的治理效果更加显著。另外，业绩评价指标中的EVA指标显著降低了上市公司的过度负债水平，综合业绩评价指标显著降低了上市公司的过度负债水平。最后，进一步区分不同成长性与盈利能力的公司进行分组检验，回归结果显示，全面预算管理与业绩评价的治理效应主要体现在盈利能力弱与成长性低的企业中。

第 8 章

研究结论、政策建议与研究展望

8.1 研究结论

本书对已有研究成果与相关理论进行回顾分析的基础上，综合运用管理学、经济学、统计学方面的研究成果，运用规范分析与实证检验的研究方法，围绕选题“母公司财务控制方式与上市公司过度负债”，展开理论分析与实证检验，主要得出以下结论：

（1）在借鉴已有研究方法对过度负债进行度量的基础上发现，我国上市公司确实存在着过度负债现象，且过度负债存在着结构性差异，不同行业、地区、产权性质与组织形式的企业，其过度负债水平存在着显著的差异。首先，从行业分布来看，建筑业和批发零售业过度负债程度最严重，其次是房地产业、科学研究和技术服务业；从地区分布来看，东北地区、西北地区存在着较为严重的过度负债；从产权性质来看，国有企业的过度负债水平显著高于非国有企业，在国有企业中，中央企业的过度负债水平显著高于地方国有企业；从上市公司实际控制人的组织形式来看，相比于非集团控股上市公司，集团控股上市公司的过度负债程度显著更高。

（2）在借鉴 Otley and Merchant（1990）、姚颐等（2007）、纳鹏杰等（2012）、徐习兵（2013）等研究的基础上，本书构建了以人员控制、过程控制和结果控制为框架的母公司财务控制体系。利用2011—2015年中央企业集团控制的上市公司数据，研究了母公司财务控制方式对其控制上市公司过度负债的影响，同时，还从过度负债视角，对影响财务控制治理效果的关键成功因素进行了深入分析。从人员集中控制的结果来看，母公司实施人员集中控制，即向上市公司委派财务总监能够对上市公司的长期过度负债与短期过度负债发挥显著的治理效应，但这一效果的发挥取决于与委派财务总监相关的激励约束机制的设计，只有当母公司控制委派财务总监的薪酬人事关系时，才能够显著降低上市公司的过度负债水平，而仅仅实施财务总监委派制度或者仅仅将委派财务总监安排进入董事会并不能显著降低上市公司的过度负债水平。进一步按照上市公司的盈利能力和成长性进行分类研究发现，人员集中控制对长期过度负债的治理效应主要体现在盈利能力弱和成长性低的上市公司，而其对短期过度负债的治理效应主要体现在盈利能力强和成长性高的上市公司中。这可能是因为不同盈利能力与成长性上市公司对长期债务融资和短期债务融资的需求和能力不同，使得其出现长期过度负债与短期过度负债的可能性不同。因此，人员集中控制产生的治理效应也不同。

（3）以资金集中控制和信息集中控制为代表的过程控制回归结果显示，资金集中控制能够显著降低上市公司的过度负债水平，这一结论无论在长期过度负债样本还是短期过度负债样本中均成立。资金集中控制一方面能够降低母公司与上市公司之间的信息不对称，增进母公司对上市公司资金与财务状况的了解，能够增强母公司对上市公司财务风险的控制力；另一方面资金集中控制能够发挥“共同保险”功能，提高母公司的外部融资能力，降低其过度负债的可能性。信息集中控制对过度负债产生了一定的治理效应，但是效果并不显著。这可能是因为，一方面我国中央企业集团建立财务信息共享中心的企业并不多，而且我国央企集团目前正处于财务信息集中控制阶段，尚未进入财务信息共享阶段，这限制了信息集中控制的效率和效果。另一方面，信息化建设一般存在着建设周期长、见效慢的特点，因此对信息集中控制的考察尚需时间和实践的检验。进一步按上市公司的盈利能力和成长性将样本分为盈利能力高与盈利能力低、成长性高与成长性低四组，分别检验过程控制对过度负债的影响。结果发现，从短期过度负债的回归结果来看，资金集中控制降低了盈利能力弱与成长性低上市公司的过度负债水平；从长期过度负债的回归结果来看，资金集中控制同时降低了不同盈利能力和成长性企业的过度负债水平。

（4）以全面预算管理和业绩评价为代表的结果控制回归结果显示，全面预算管理能够显著降低上市公司的过度负债水平，而全面预算管理治理效应的发挥主要取决于全面预算管理在集团中的地位以及全面预算的编制方式，当全面预算管理的主导机构为董事会或者当全面预算管理的编制方式为上下结合时，能够显著降低上市公司的过度负债水平。这主要是因为，董事会主导全面预算能够提高全面预算在集团中的地位，进而提高全面预算的执行力度与执行效率。当全面预算的编制方式为上下结合时，能够加强母子公司之间的信息沟通，增进母公司对子公司实际经营状况与财务状况的了解，进而确保了预算编制的合理性以及子公司对预算指标的执行力。进一步按照上市公司的盈利能力和成长性对样本进行分组检验后发现，全面预算管理对长期过度负债的治理效应主要体现在盈利能力弱和成长性低的上市公司中，其对不同盈利能力上市公司短期过度负债的影响并不存在显著差异。这可能是因为盈利能力弱的上市公司对外部债务融资的依赖性更高，更有可能出现过度负债，同时盈利能力弱的企业债务违约风险也更高，因此，对这类企业过度负债的治理是母公司财务控制的重点。

本书以中央企业对其控制上市公司业绩评价体系中EVA所占的比例代表业绩评价控制进行研究，结果发现EVA在业绩评价体系中的权重越高，上市公司过度负债水平越低，说明业绩评价控制能够显著降低上市公司的过度负债水平。采用主成分分析法，提炼业绩评价综合指标，研究发现业绩评价控制能够显著降低上市公司的过度负债水平。另外，2009年国资委修改了对中央企业的业绩考核评价方法，将之前的净资产收益率（ROE）指标改为经济增加值（EVA）指标，本书通过对这两个指标的对比分析发现，相比ROE指标，EVA指标能够显著降低上市公司的过度负债水平，而ROE指标对过度负债并未发挥显著的治理效应，这为国资委转变对中央企业的业绩考核指标提供了过度负债方面的经验支持。进一步区分不同盈利能力和成长性的上市公司进行研究发现，EVA对过度负债的治理效应主要体现在盈利能力弱的上市公司中。这可能是因为盈利能力弱的企业获得短期借款的能力较弱，且短期借款的违约风险更高，因此其更有可能出现长期过度负债，而EVA评价能够降低这类企业长期过度负债水平。EVA对长期过度负债与短期过度负债的治理效应主要集中在成长性低的上市公司中。

8.2 政策建议

（1）根据不同行业、地区、产权性质以及实际控制人组织形式采取有针对性的“去杠杆”措施

根据不同企业的类型、特征，区别对待我国企业存在的过度负债问题，尽管总体来看，我国企业存在着整体负债率偏高的现状，但是不同行业、地区、产权性质企业的过度负债水平存在很大的差异，不能一刀切，要求所有企业实施去杠杆政策。财务管理理论认为，企业应该充分利用财务杠杆为企业创造价值，合理利用负债能够帮助企业利用有限资本实现价值创造。但是过度负债会给企业带来财务危机，甚至会给企业带来生存危机。因此，应该针对我国企业的实际情况，有针对性地实施去杠杆政策。

（2）完善与母公司财务控制制度相关要素的设计

①完善母公司财务控制机制

设计合理的财务控制方式，任何单一财务控制方式的简单引入或者模仿都不能解决问题，企业必须结合自身实际情况，充分整合现有财务控制工具，并为财务控制工具设计合理的配套机制，合理安排各财务控制工具的构成要素。

②完善母公司人员控制机制

人员控制的效果主要取决于两点：第一，与被控制者相关的激励约束机制；第二，被控制者拥有的权力。委派财务总监对集团战略目标、集团文化有着更为全面、深入的理解，因此能够保证母子公司对集团战略的执行，降低利益冲突引起的代理问题。但委派财务总监的独立性是决定其是否有动机对上市公司进行监督的重要前提，当委派财务总监的薪酬人事关系隶属于母公司时，能够提高其独立性，提高其对上市公司的监督动机，

否则容易造成委派财务总监与上市公司的“合谋”。另外，委派财务总监在上市公司中拥有的权力、地位及其能够获取的有关上市公司的信息是其能够监督上市公司的另一个重要前提。而这两个前提中最关键的因素是有关委派财务总监的薪酬和激励机制的设计。因此，母公司在选择财务总监委派制度时，应当充分考虑并合理设计以上两个前提条件，完善人员集中控制制度。

③完善过程控制机制

过程控制是财务控制的直接控制对象，也是财务控制的核心内容。过程控制中最关键的是对资金的集中控制和对信息的集中控制。资金集中控制的主要形式有很多，其中央企普遍采用且发展较快的是财务公司形式。资金集中控制是财务公司的天然属性，资金集中控制能够降低母子公司之间由于信息不对称引起的代理问题。资金集中控制效率的发挥，一方面取决于母公司对资金集中风险的有效管控，另一方面取决于集团内部资金配置效率的提升。企业应该重视对财务公司风险的把控，严格保证财务公司资金的安全性，要确保财务公司的“三性”，即安全性、流动性与盈利性，其中安全性是首位的，但也要在资金的安全性与盈利性之间寻求平衡。

近年来，国资委强力推进中央企业信息化建设，信息集中控制为资金使用效率评价以及决策提供了基础平台，为资金的高效使用发挥着基础性作用。信息集中控制的方式主要有两种：一是将企业财务控制嵌入企业管理信息系统之中；二是建立公司的管理报告体系，定期向母公司汇报公司经营报告、财务报告和市场报告等，帮助母公司管理层更好地管理与决策。信息集中控制还能够为集团的业财融合提供支持，通过信息集中建设，促使企业业务、财务一体化，将企业财务从过去的事后控制，转向事前、事中与事后的综合控制，引导并服务企业业务体系，提升财务在企业中的地位。但是，我国企业的信息化建设目前大多处于信息集中阶段，尚未完全实现财务信息共享。这限制了信息集中控制效果的发挥，财务信息共享能够实现企业资金流、实物流和信息流的循环流动，是实现企业财务控制目标的重要手段。因此，我国企业集团应该加快财务信息共享中心的建设，实现财务信息的共享。

④完善结果控制机制

全面预算管理是中国企业实践中使用最为普遍的财务控制工具，国资委每年都有关于央企全面预算管理的培训会议，大多数企业也都有预算工作会议，各中央企业都非常重视全面预算管理工作，把“深化全面预算管理，促进企业管理提升”作为基本方向，但是目前全面预算管理尚存在以下问题：第一，全面预算的“财务”属性太强，财务部主导全面预算的现象比较突出；第二，预算指标的设计更多关注经营绩效，忽视了商业模式、业财融合和战略目标实现方面的指标；第三，全面预算管理对风险的关注偏弱，预算指标重视经营规模、成本费用、利润绩效，而忽视了对风险指标的关注。因此，应该提高全面预算管理在集团中的地位，实施以董事会或者股东大会为主导机构的全面预算管理；在预算指标的设计方面突出对风险控制指标的关注；在全面预算的编制方式上，重视上下结合的预算编制方式。此外，业绩评价为财务控制方式的落实提供了激励约束机制，业绩评价指标设计的合理性是财务控制方式目标得以实现的重要保证，业绩评价指标对财务风险的关注为上市公司管理层更好地控制过度负债提供了激励与约束机制。2009年，国资委将对中央企业的考核方式从之前的净资产收益率（ROE）转变为经济增加值（EVA）。此后，EVA成为社会各界关注的焦点，国资委推出EVA评价指标的目的是鼓励中央企业做强主业、优化结构，重视自主创新、鼓励技术创新和技改战略投资。相比于ROE指标，EVA指标更加关注企业资金成本，促使中央企业在提高EVA数值的同时，还必须匹配降杠杆、控风险等措施。

（3）国有企业要提高自身的经营绩效与风险管控，实现价值可持续创造

20世纪90年代以来，随着经济全球化和信息技术的迅速发展，企业集团国际化步伐不断加快，纷纷实施了“做大做强”战略，随之而来的是许多集团企业患上了“大企业病”，成本不断上升、管控难度加大、财务和经营风险急剧上升，失败的危机严重阻碍了企业集团的进一步发展。因此，以中央企业为代表的大型企业集团开始大力推进财务转型和财务管控，试图解决我国央企存在的负债总量大、杠杆率过高、资产运营效率低等问题。从短期来看，企业可以通过债转股、处置资产、偿还债务等措施

降低杠杆率。但从长期来看，企业实现“三去一降一补”政策目标的关键是如何加强自身财务战略管理，在管控风险的同时，合理配置财务资源，提高财务资源的配置效率，进而实现国有企业可持续价值创造。这也是当前国企改革面临的迫切问题。企业战略的基本任务就是在服从整体战略目标的前提下，实现战略资源，尤其是财务资源的优化配置（魏明海，2001；戴天婧等，2012）。优化资源配置应该强调绩效与风险并重，即企业扩张水平、企业绩效与企业风险管控之间的平衡。

（4）完善金融体制改革，降低体制性因素对上市公司过度负债的影响

尽管近年来我国资本市场得到了快速发展，但目前仍处于以间接融资为主体的大型国有控股银行主导的金融体系。我国企业存在融资结构单一、中小企业融资难、融资贵的问题，债券市场的发展落后于股票市场，企业债务融资的主要途径是银行借款。据Wind数据库统计，2001—2013年期间，中国非金融类上市公司银行借款占总负债的比例均值为40.92%，中位数为43.59%，银行借款是企业主要的负债形式。现有研究发现，金融机构存在对非国有企业的信贷歧视，而对国有企业却存在“意识偏好”，更愿意为国有企业提供数量多、期限长的银行贷款（江伟、李斌，2006；方军雄，2007），造成了国有企业的过度负债问题。尽管中国推出银行的股份制改革，并减少政府对银行的干预，但国有银行仍然由国家主导（Allen et al.，2005）。国有银行更愿意通过向国有企业提供贷款的方式获取额外的政治资源（Brandt and Li，2003）。银行为了实现这一目的甚至可能牺牲利润，而中国银行体系缺乏市场化竞争的环境使得这一行为得以维持。这些会导致我国国有企业出现更严重的过度负债。

（5）完善相关政策，规范政府行为，降低预算软约束对国有企业过度负债的影响

政府干预是导致国有企业过度负债的另一个重要原因。一方面，政府干预会增加国有企业承担的政策性负担和社会目标（曾庆生、陈信元，2006），为了对出现政策性亏损的国有企业进行补贴，政府会对其提供更多的政策性贷款和信贷资金支持，以帮助其实现相关政策性投资（林毅夫等，2004），最终导致国有企业的过度负债。另一方面，当国有企业发生债务违约时，政府会利用手中资源帮助其脱离财务困境。正是这种隐性担

保机制，使得银行业更愿意向国有企业提供贷款。因此，为了实现供给侧结构性改革提出的“三去一降一补”政策要求，政府应该降低对国有企业提供的隐性担保，减少对国有企业的预算软约束，促进国有企业改革，提高国有企业的市场竞争力，同时，降低对国有银行贷款的干预，保证“去杠杆”政策的顺利落实。

8.3 研究局限性及未来研究方向

8.3.1 研究局限性

由于时间、精力、能力等主观因素和数据可获得性等客观因素的限制，本书尚存在一些研究问题需要在今后的研究中进行深入分析和完善。

（1）样本选取时间的局限。尽管母公司财务控制问题由来已久，但有关母公司财务控制的实证研究非常少见，主要是因为该数据属于公司内部数据，并非法定公开数据，这增加了实证研究的难度。本书在获取数据过程中主要是通过阅读报告手工搜集整理得到，这些报告的公布大多来自国资委、财务公司协会、央企官网的自愿性公告，因此在公布时间上具有一定的滞后性，这限制了本书的样本时间区间。

（2）样本选取对象的局限。现有研究发现，集团控股上市公司占所有上市公司的比例达到了70%以上，但是本书在研究过程中仅仅以央企上市公司为研究对象，这可能存在研究结论适用范围的局限性问题。相比非央企集团，央企集团有其自身的制度、文化特色，与其他企业集团存在着较大的差异。

（3）研究问题的选择。本书在研究过程中，主要结合我国目前宏观政策提出的“三去一降一补”政策要求，对过度负债进行了研究，而我国企业中仍然存在着“负债不足”问题需要进一步研究。

（4）对母公司财务控制方式体系的构建和划分存在许多不同观点，但是本书仅仅采用了Otley and Merchant（1990）分类方法，对于其他分类方法尚未进行检验。

（5）有关财务控制方式与过度负债之间可能存在的内生性问题。由于母公司财务控制方式的设计属于企业内部决策的结果，其具体设计受到集团母公司与子公司特征以及管理者个人特征等多重因素的影响，现有研究尚未得出母公司财务控制方式的决定模型，因此本书未对财务控制方式与过度负债之间可能存在的反向因果关系进行检验，未来的研究可以对母公司财务控制方式计量模型进行设计，试图解决可能存在的内生性问题。

8.3.2 未来研究方向

“三去一降一补”是供给侧结构性改革提出的核心任务，高杠杆是引发金融危机的重要原因，同时“去杠杆”也是高库存和高产能的引爆点，对于高杠杆的治理关系到“三去一降一补”政策的落地。本书从母公司财务控制视角出发，研究其对上市公司过度负债的治理效应，未来的研究还可以从以下方面进行：

（1）将样本期间拉长，研究供给侧结构性改革以来，我国企业的杠杆率是否发生了显著下降，进而检验去杠杆政策效应。

供给侧结构性改革突出强调了“去杠杆”的迫切性与重要性，而供给侧结构性改革实施以来，我国企业在去杠杆方面取得了怎样的成效，去杠杆政策是否得到了有效的落实，这有待实证的检验。因此，未来的研究可以采用双重差分模型检验供给侧结构性改革政策给过度负债带来的政策影响，进而为供给侧结构性改革实施效果提供经验证据。

（2）将样本扩大至非中央企业集团母公司财务控制，并研究母公司财务控制方式对集团控制上市公司、非上市公司、集团整体过度负债水平的影响。

非中央企业集团同样存在着过度负债问题，而且集团控制的非上市子公司同样也可能存在着过度负债问题，对这些企业的过度负债问题进行研究，可以进一步为我国去杠杆政策的落地与实现提供经验支持。随着债券市场的发展，我国大部分企业集团都会发行债券进行融资，这为本书研究集团整体过度负债以及非上市子公司的过度负债提供了新的研究机会。

（3）负债不足同样会降低企业价值，研究母公司财务控制方式对负债不足的治理效应。

在我国，许多企业尤其是中小企业存在着融资难、融资贵的问题，对这些企业而言，面临着很多的投资机会，但是由于自身资金不足，债务融资困难，使其无法抓住投资机会。白俊和连立帅（2012）研究发现，尽管银行信贷存在着“信贷歧视”，但是造成国有企业与非国有企业之间信贷资金配置差异的主要原因是由企业自身禀赋决定的，而企业内部管理控制效率的提高能够显著提升中小企业自身禀赋。因此，如何通过财务控制提高中小企业内部资金配置效率并降低资金配置风险，值得进一步研究。

（4）交叉分析不同财务控制方式对过度负债的治理效应，进而为财务控制工具整合效应提供经验证据。

权变理论认为，企业应该结合自身实际情况与外部环境的动态变化改变自身的战略目标，与此同时相应的财务控制工具也需要改变。现实中，企业战略目标的实现并非任何一种财务控制工具自身的单打独斗，而是不同财务控制工具的整合效应。因此，现有关于管理会计工具整合的理论研究非常丰富，同时也从不同视角对管理会计工具整合问题进行了研究，但是利用实证检验的方法对不同管理会计工具的整合效果进行检验的文章尚不多见。因此，不同管理会计工具交叉作用的研究，可以为管理会计工具整合研究提供经验支持，这也是未来本书的研究方向之一。

[1] 白俊，连立帅. 信贷资金配置差异：所有制歧视抑或禀赋差异？[J]. 管理世界，2012（6）：30-42.

[2] 陈共荣，胡振国. 论资本结构与治理结构目标的一致性［J］. 会计研究，2003（6）：51-54.

[3] 陈宋生，罗少东. ERP资源改进用户流程与提升企业组织绩效［J］. 江西财经大学学报，2012（6）：34-44.

[4] 陈翊. 试论企业集团实行财务主管（财务总监）委派制的方式及利弊［J］. 财政监督，2005（2）：68-68.

[5] 戴天婧，张茹，汤谷良. 财务战略驱动企业盈利模式——美国苹果公司轻资产模式案例研究［J］. 会计研究，2012（11）：23-34.

[6] 邓传洲，刘俊勇，赵春光. 基于预算的考核、预算氛围和预算副效应［J］. 会计研究，2008（4）：70-77.

[7] 邓路，刘瑞琪，廖明情. 宏观环境、所有制与公司超额银行借款［J］. 管理世界，2016（9）：149-160.

[8] 方军雄. 所有制、制度环境与信贷资金配置［J］. 经济研究，2007（12）：82-93.

[9] 方小龙. 企业集团母子公司财务管控研究［D］. 长春：吉林大学，2013.

[10] 郜进兴. 关于“会计委派制”的若干问题［J］. 会计研究，1999（9）：8-13.

[11] 高勇强，田志龙. 母公司对子公

司的管理和控制模式研究［J］．南开管理评论，2002（4）：28-31.

［12］耿云江．企业集团财务控制体系研究：基于财务战略视角［M］．大连：东北财经大学出版社，2008.

［13］郝东洋，王静，张天西．内部控制效率、资本结构动态调整与公司价值［J］．山西财经大学学报，2012（12）：38-51.

［14］何捷，张会丽，陆正飞．货币政策与集团企业负债模式研究［J］．管理世界，2017（5）：158-170.

［15］何瑛，周访．我国企业集团实施财务共享服务的关键因素的实证研究［J］．会计研究，2013（10）：50-69.

［16］胡国柳，蒋国洲．股权结构、公司治理与企业业绩［J］．财贸研究，2004（4）：83-91.

［17］黄继承，姜付秀．产品市场竞争与资本结构调整速度［J］．世界经济，2015（7）：99-120.

［18］黄少安，张岗．中国上市公司股权融资偏好分析［J］．经济研究，2001（11）：12-22.

［19］江龙，刘笑松．经济周期波动与上市公司现金持有行为研究［J］．会计研究，2011（9）：40-47.

［20］江伟，李斌．制度环境、国有产权与银行差别贷款［J］．金融研究，2006（11）：116-127.

［21］姜付秀，屈耀辉，陆正飞，等．产品市场竞争与资本结构动态调整［J］．经济研究，2008（4）：99-113.

［22］姜付秀，张敏，陆正飞，等．管理者过度自信、企业扩张与财务困境［J］．经济研究，2009（1）：131-145.

［23］姜付秀，黄继承．市场化进行与资本结构动态调整［J］．管理世界，2011（3）：123-134.

［24］姜付秀，黄继承．CEO财务经历与资本结构决策［J］．会计研究，2013（5）：27-34.

［25］冷雪．企业集团会计监督问题研究［J］．财政监督，2010（10）：16-18.

［26］李向红．ERP环境下集团资金集中管理的框架构建［J］．会计

之友，2013（5）：42-46.

［27］李延喜，龙静，徐秀文，等. 集团管理控制的设置动因及其作用机理——××能源集团改制的案例研究［J］. 会计研究，2011（12）：25-35.

［28］李焰，陈才东，黄磊. 集团化运作、融资约束与财务风险——基于上海复星集团案例研究［J］. 管理世界，2007（12）：117-137.

［29］林毅夫，李志赟. 政策性负担、道德风险与预算软约束［J］. 经济研究，2004（2）：17-27.

［30］刘锦恒，曹湘平. 浅析公司财务总监制度［J］. 财会研究，2007（1）：44-46.

［31］刘丽文，黄燃东. 我国企业实施ERP的外部环境及其风险分析［J］. 中国软科学，2002（3）：131-143.

［32］刘明，袁国良. 债务融资与上市公司可持续发展［J］. 金融研究，1999（7）：34-40.

［33］刘文锦. 企业内部财务控制制度创新［J］. 财经科学，2012（10）：117-124.

［34］刘志远，王存峰，彭涛，等. 政策不确定性与企业风险承担——机遇预期效应还是损失规避效应［J］. 南开管理评论，2017，20（6）：15-27.

［35］卢闯，杜菲，佟岩，等. 导入EVA考核中央企业的公平性及其改进［J］. 中国工业经济，2010（6）：96-106.

［36］陆蓉，王策，邓鸣茂. 我国上市公司资本结构"同群效应"研究［J］. 经济管理，2017，39（1）：181-195.

［37］陆正飞. 企业适度负债的理论分析与实证研究［J］. 经济研究，1996a（2）：52-59.

［38］陆正飞. 企业目标与财务目标［J］. 城市金融论坛，1996b（5）：50-56.

［39］陆正飞，辛宇. 上市公司资本结构主要影响因素之实证研究［J］. 会计研究，1998（8）：34-38.

［40］陆正飞. 论企业集团化与财务管理集中化［J］. 财会通讯，2000（9）：4-7.

[41] 陆正飞，高强. 中国上市公司融资行为研究——基于问卷调查的分析 [J]. 会计研究，2003（10）：16-26.

[42] 陆正飞. 我国企业资本结构与融资行为：回顾、述评与展望——纪念我国会计与改革开放30周年 [J]. 财会通讯，2008（10）：6-11.

[43] 陆正飞，张会丽. 所有权安排、寻租空间与现金分布——来自中国A股市场的经验证据 [J]. 管理世界，2010（5）：150-161.

[44] 陆正飞，张会丽. 集团企业资金集中管理及其经济后果 [J]. 财会学习，2011（8）：20-22.

[45] 陆正飞，何捷，窦欢. 谁更过度负债：国有还是非国有 [J]. 经济研究，2015（12）：54-68.

[46] 骆家駹. 基于企业边界扩展的企业集团财务管控模式研究 [J]. 会计研究，2014（9）：68-75.

[47] 罗乾宜. 企业EVA体系中战略风险管控的导入 [J]. 财务与会计，2011（7）：21-23.

[48] 罗乾宜. 大型央企集团财务治理模式及其制度创新 [J]. 会计研究，2012（4）：50-57.

[49] 罗乾宜. 边界管控：兵器工业集团整合管理会计工具的创新探索 [J]. 会计研究，2017（10）：51-57.

[50] 吕炜，高帅雄，周潮. 中国上市公司融资行为研究——基于问卷调查的分析 [J]. 中国工业经济，2016（8）：5-23.

[51] 苗健实. 浅析政府委派财务总监制度 [J]. 财会研究，2009（24）：57-59.

[52] 闵亮，邵毅平. 经济周期、融资约束与企业资本结构动态调整速度 [J]. 中南财经政法大学学报，2012（6）：109-118.

[53] 穆林娟，崔学刚. 信任与激励：价值链成本治理机制的实验研究 [J]. 南开管理评论，2011，14（5）：31-40.

[54] 纳鹏杰，纳超洪. 企业集团财务管控与上市公司现金持有水平研究 [J]. 会计研究，2012（12）：29-40.

[55] 纳鹏杰，雨木田子，纳超洪. 企业集团风险传染效应研究——来自集团控股上市公司的经验证据 [J]. 会计研究，2017（3）：53-60.

[56] 任泽平，冯赟. 供给侧改革去杠杆的现状、应对、风险与投资机会 [J]. 发展研究，2016 (3)：8-13.

[57] 沈维涛，叶晓铭. EVA 对上市公司资本结构影响的实证研究 [J]. 经济研究，2004 (11)：47-58.

[58] 盛明泉，张敏，马黎珺，等. 国有产权、预算软约束与资本结构动态调整 [J]. 管理世界，2012 (3)：151-157.

[59] 宋献中，吴一能，宁吉安. 货币政策、企业成长性与资本结构动态调整 [J]. 经济研究，2004 (11)：47-58.

[60] 苏静. 派驻财务总监与企业集团内控的实施 [J]. 会计研究，2006 (1)：63-70.

[61] 苏坤. 国有金字塔层级对公司风险承担的影响——基于政府控制级别差异的分析 [J]. 中国工业经济，2016 (6)：127-144.

[62] 孙健，王百强，袁蓉丽. 信息系统整合、预算程序公平与企业业绩——一项基于国有企业的调查研究 [J]. 管理世界，2017 (5)：131-143.

[63] 汤谷良. 财务控制新论——兼论现代企业财务控制再造 [J]. 会计研究，2000 (3)：7-12.

[64] 汤谷良，戴天婧. 中央企业 EVA 评价制度实施效果的理论解释 [J]. 会计研究，2015 (9)：35-46.

[65] 汤谷良，张守文. 平衡财务资源配置绩效与风险的管控模型——基于兵工集团边界管控的探索性案例研究 [J]. 会计研究，2017 (10)：44-50.

[66] 唐萍. 财务总监委派制的可行性研究——兼论国有企业监督机制设计 [J]. 经济研究，1999 (1)：60-66.

[67] 王斌，高晨. 论管理会计工具整合系统 [J]. 会计研究，2003 (4)：59-64.

[68] 王超恩，张瑞君，徐鑫. 集团财务公司效率与企业创新 [J]. 管理科学，2016，29 (1)：95-107.

[69] 王合绪. 过度负债与所有者控制 [J]. 经济评论，2001 (1)：27-32.

[70] 王吉鹏，杨涛，王栋. 集团财务管控 [M]. 北京：中信出版

社，2008.

［71］王丽敏，李凯，谭旭红. 国有大型总分公司式企业集团财务控制评价及实证分析——基于省级分公司问卷调研的研究［J］. 财务通讯：综合，2010（5）：146-156.

［72］王清，王景贵. 现代企业集团财务的集中管理［J］. 财会研究，2005（2）：49-51.

［73］王实. 央企集团现金管控程度对EVA考核成效的影响研究［D］. 北京：对外经济贸易大学，2016.

［74］王永海. 试论公司治理结构和内部财务控制［J］. 审计研究，2000（3）：23-29.

［75］王月欣. 现代企业集团财务控制研究［M］. 北京：经济科学出版社，2004.

［76］王昶，姚海琳. 母公司管理控制方式及其影响因素的实证研究［J］. 南开管理评论，2011（3）：63-71.

［77］魏明海. 财务战略［M］. 北京：中国财政经济出版社，2001.

［78］巫升柱. 企业集团母子公司财务控制系统构建研究［J］. 当代经济科学，2003（5）：78-82.

［79］吴秋生，黄贤环. 财务公司的职能配置与集团成员上市公司融资约束缓解［J］. 中国工业经济，2017（9）：156-174.

［80］吴晓求，应展宇. 激励机制与资本结构：理论与中国实证［J］. 管理世界，2003（6）：5-16.

［81］肖作平. 上市公司资本结构选择模式及实证研究［J］. 证券市场导报，2004（8）：25-32.

［82］肖作平. 公司治理结构对资本结构选择的影响——来自中国上市公司的证据［J］. 经济评论，2005（1）：67-78.

［83］谢建宏. 企业集团资金集中管理问题探讨［J］. 会计研究，2009（11）：44-47.

［84］熊磊. 财务共享服务下管理会计信息化有效实施策略［J］. 会计之友，2015（8）：7-9.

［85］徐习兵. 企业集团财务控制研究［D］. 武汉：华中科技大

学，2013.

［86］阎达五，耿建新. 论国有企业过度负债的成因与对策［J］. 会计研究，1996（12）：54-68.

［87］杨瑞龙，王元，聂辉华. "准官员"晋升机制：来自中国央企的证据［J］. 管理世界，2013（3）：23-38.

［88］杨肃昌. 关于对财务总监制度的本质认识［J］. 会计研究，1998（2）：22-25.

［89］杨兴全. 债务融资、债务期限与企业的成长性——来自我国上市公司的经验证据［J］. 河北经贸大学学报，2007，28（4）：51-58.

［90］杨有红，叶华. 集团公司的财务治理［J］. 新理财，2006（3）：21-32.

［91］姚颐，刘志远，李冠众. 我国企业集团财务控制现状的问卷调查与分析［J］. 会计研究，2007（8）：28-38.

［92］余春宏，吴建忠. 论财务总监制度［J］. 财政研究，2002（9）：74-76.

［93］余明桂，潘红波. 政府干预、法治、金融发展与国有企业银行贷款［J］. 金融研究，2008（9）：1-22.

［94］于富生，张敏，姜付秀，等. 公司治理影响公司财务风险吗？［J］. 会计研究，2008（10）：52-62.

［95］袁琳. 构筑集团企业资金结算与集中控制的新系统——中国石化集团财务公司资金结算与集中控制案例研究［J］. 会计研究，2003（2）：47-53.

［96］曾庆生，陈信元. 国家控股、超额雇员与劳动力成本［J］. 经济研究，2006（5）：74-87.

［97］张保中. 基于财务治理的企业集团财务控制体系研究［D］. 成都：西南财经大学，2007.

［98］张会丽，吴有红. 企业集团财务资源配置、集中程度与经营绩效——基于现金在上市公司及其整体子公司间分布的研究［J］. 管理世界，2011（2）：100-108.

［99］张会丽，陆正飞. 上市公司经营业务分布是否影响盈余质

量——基于上市公司及其整体子公司相对业务规模的考察［J］. 财经研究，2011，38（8）：72-84.

［100］张会丽，陆正飞. 控股水平、负债主体与资本结构适度性［J］. 南开管理评论，2013（12）：142-151.

［101］张瑞君，朱以明，夏坤. 财务战略执行力：纵向价值链的优化与信息集成策略——以中国电子信息产业集团为例［J］. 管理世界，2007（4）：130-139.

［102］张瑞君，陈虎，张永冀. 企业集团财务共享服务的流程再造关键因素研究——基于中兴通讯集团管理实践［J］. 会计研究，2010（7）：57-67.

［103］张双才. 企业集团财务框架研究［J］. 商业研究，2006（15）：9-14.

［104］赵兴楣，王华. 政府控制、制度背景与资本结构动态调整［J］. 会计研究，2011（3）：34-40.

［105］郑国坚，林东杰，张飞达. 大股东财务困境、掏空与公司治理的有效性——来自大股东财务数据的证据［J］. 管理世界，2013（5）：157-169.

［106］郑海航，孟领. 中央企业重组的历史沿革及发展研究［J］. 财经问题研究，2011（3）：104-111.

［107］中国财务公司协会. 中国企业集团财务公司年鉴 2016［M］. 北京：中国金融出版社，2015.

［108］中国工商银行湖南省分行课题组. 国有企业过度负债问题探讨［J］. 中国工业经济，1996（4）：33-41.

［109］钟宁桦，刘志阔，何嘉鑫，等. 我国企业债务结的结构性问题［J］. 经济研究，2016（7）：102-118.

［110］周业安，余晨阳，杨小静，等. 国有企业的债务问题研究［J］. 经济理论与经济管理，2017（6）：80-96.

［111］周云凌. 构建企业战略转型相匹配的财务资源管控模式［J］. 财会研究，2010（2）：56-58.

［112］竺素娥. 集团母子公司财务控制体系构建［D］. 南京：南京

大学，2002.

[113] AGHION P, BOLTON P. An incomplete contracts approach to financial contracting [J]. Review of Economic Studies, 1992, 59 (3): 473-494.

[114] ALLEN F, QIAN J, QIAN M. Law, finance, and economic growth in China [J]. Journal of Financial Economics, 2005, 20 (1): 1429-1460.

[115] ALTMAN E L. A further empirical invention of the bankruptcy cost question [J]. Journal of Finance, 1984 (38): 1067-1089.

[116] ANTHONY R N. Planning and control systems: a framework for ananlysis [D]. Boston: Graduate School of Business Administration, Harvard University, 1965.

[117] APPEL I R, GORMLEY T A, KEIM D B. Passive investors, not passive owners [J]. Journal of Financial Economics, 2016, 121 (1): 111-141.

[118] BABA N. Dynamic capital structure of Japanese firms: how far has the reduction of excess leverage progressed in Japan? [J]. Bank of Japan Working Paper, 2004.

[119] BANERJEE S, DASGUPTA S, KIM Y. Buyer - supplier relationships and the stakeholders theory of capital structure [J]. Journal of Finance, 2008, 63 (1): 2507-2552.

[120] BOOTH P, MATOLCSY Z., WIEDER. B. The impacts of enterprise resource planning systems on accounting practice - the australian experience [J]. Australian Accounting Review, 2000, 10 (22): 4-18.

[121] BYOUN S. How and when do firms adjust their capital structures toward target [J]. Journal of Finance, 2008, 63 (6): 3069-3096.

[122] CAMPELLO M, GIAMBONA E. Capital structure and the redeployability of tangible assets [J]. Electronic Journal Working Paper, 2010.

[123] CASKEY J, HUGEHES J, LIU J. Leverage, excess leverage and future stock returns [J]. Review of Accounting Studies, 2012, 17 (2):

443–471.

[124] Chang C, Chen X, Liao G. What are the reliably important determinants of capital structure in China? [J]. Pacific - Basin Finance Journal, 2014, 30 (C): 87–113.

[125] Chapman C S, Kihn L A. Information system integration, enabling control and performance [J]. Accounting, Organizations and Society, 2009, 34 (2): 151–169.

[126] CORICELLI F, DRIFFIELD N, PAL S, ET AL. Excess leverage and productivity growth in emerging economies: is there a threshold effect? [J]. Discussion Paper, 2010.

[127] DAVENPORT T H. The future of enterprise system–enabled organizations [J]. Information Systems Frontiers, 2000, 2 (2): 163–189.

[128] DENIS D J, DENIS D K. Causes of financial distress following leveraged recapitalizations [J]. Journal of Financial Economics, 1995, 37 (1): 129–157.

[129] DENIS D J, MCKEON S B. Debt financing and financial flexibility evidence from proactive leverage increases [J]. The Review of Financial Studies, 2012, 25 (1): 1897–1929.

[130] DIAMOND W S. Debt maturity structure and liquidity risk [J]. Quarterly Journal of Economics, 1991, 106 (3): 709–737.

[131] DONALDSON G. New framework for corporate debt policy [J]. Harvard Business Review, 1962, 40 (4): 117–131.

[132] DRIFFIELD N, PAL S. Evolution of capital structure in East Asia: corporate inertia or endeavours? [J]. Royal Statistical Society, 2010, 173: 1–29.

[133] DROBETZ W, WANZENRIED G. What determines the speed of adjustment to the target capital structure? [J]. Applied Financial Economics, 2006, 16 (13): 941–958.

[134] EFFERIN S, HOPPER T. Management control, culture and ethnicity in a Chinese indonesian company [J]. Accounting, Organizations

and Society, 2007, 32 (3): 223-262.

[135] FISCHER E O, HEINKEL R, ZECHNER J. Dynamic capital structure choice: theory and tests [J]. Journal of Finance, 1989, 44 (1): 19-40.

[136] EISENHARDT K M. Building theories from case study research [J]. Academy of Management Review, 1989, 14 (4): 532-550.

[137] FLANNERY M J, RANGAN K P. Partial adjustment toward target capital structures [J]. Journal of Financial Economics, 2006, 79 (2): 469-506.

[138] GOOLD M, CAMPBELL A, ALEXANDER M. Strategy and styles: the role of the center in diversified corporations [J/OL]. Basil Blackwell, 1986.

[139] GOYAL V K. Capital structure decisions: which factors are reliably important [J]. Financial Management, 2009, 38 (5): 1-37.

[140] GRAHAM J R. How big are the tax benefits of debt? [J]. Journal of Finance, 2000, 55 (5): 1901-1941.

[141] GRAHAM J R, TUCKER A L. Tax shelters and corporate debt policy [J]. Journal of Financial Economics, 2006, 81 (3): 563-594.

[142] GRANLUND M, MALMI T. Moderate impact of ERPS on management accounting: a lag or permanent outcome [J]. Management Accounting Research, 2002, 13 (3): 299-321.

[143] HARFORD J, KLASA S, WALCOTT N. Do firms have leverage targets? [J]. Journal of Financial Economics, 2009, 93 (3): 1-14.

[144] HOPWOOD A G. Accounting and human behavior [J/OL]. Prentice-Hall, 1976.

[145] HOTELLING H. Analysis of a complex of statistical variables into principal components british [J]. Journal of Educational Psychology, 1933, 24 (6): 417-520.

[146] HOVAKIMIAN A, HOVKIMIAN G, TEHRANIAN H. Determinants of target capital structure: the case of dual debt and equity issues

[J]. Journal of Financial Economics, 2004, 71 (3): 517-540.

[147] JENSEN M C, MECKLING W H. Theory of the firm: mangerial behavior, agency costs and ownership structure [J]. Journal of Financial Economics, 1976, 3 (4), 305-360.

[148] JENSEN M C. Agency costs of free cash flow, corporate finance and takeovers [J]. American Economic Review, 1986, 76 (2), 323-329.

[149] LOOF H. Dynamic optimal capital structure and technical change [J]. Structure Change and Economic Dynamics, 2004, 15 (4), 449-468.

[150] MERCHANT K A. Control in business organizations [J]. Administrative Science Quarterly, 1985, 32 (32): 139-151.

[151] MODIGLIANI F, MILLER M H. The cost of capital, corporate finance and the theory of investment [J]. American Economics Review, 1958, 48 (3): 261-279.

[152] MOLINA C A. Are firms underleveraged? An examination of the effect of leverage on default probablities [J]. Journal of Finance, 2005, 60 (3): 1427-1459.

[153] MOLLER P. Implementing shared services in Europe [J]. Treasury Management International, 1997 (7).

[154] MYERS S C. Determinants of corporate borrowing [J]. Journal of Financial Economics, 1977, 5 (2): 147-175.

[155] MYERS S C, MAJLUF N S. Corporate financing and investment decisions when firms have information that investors do not have [J]. Journal of Financial Economics 1984, 13 (2): 187-221.

[156] OPLER T C, TITMAN S. Financial distress and corporate performance [J]. The Journal of Finance, 1994, 49 (3): 1015-1040.

[157] OTLEY D, MERCHANT K A. Controls in business organizations [M]. New York: Springer US, 1990.

[158] OUCHI W G. A conceptual framework for the design of organization control mechanisms [J]. Management Science, 1979, 25 (9): 833-848.

[159] OZTEKIN O, FLANNERY M J. Institutional determinants of

capital structure adjustment speeds [J]. Social Science Electronic Publishing, 2012, 103 (1): 88-112.

[160] RAJAN R G, ZINGALES L. What do we know about capital structure? Some evidence from international data [J]. Journal of Finance, 1995, 50 (5): 1421-1460.

[161] ROM A, ROHDE C. Enterprise resource planning systems, strategic enterprise management systems and management accounting [J]. Journal of Enterprise Information Management, 2006, 19 (1): 50-66.

[162] SHAYM-SUNDER L, MYERS S C. Testing static trade-off against pecking order model of capital structure [J]. Journal of Financial Economics, 1999, 51 (2): 219-244.

[163] SIMONS R. Control in an age of power [J]. Harvard Business Review, 1995, 73 (2): 80-88.

[164] SIMONS R. The role of management control systems in creating competitive advantage: new perspectives [J]. Accounting Organizations and Society, 2004, 15 (1): 127-143.

[165] TITMAN S, TSYPLAKOV S. A dynamic model of optimal capital structure [J]. Review of Finance, 2007, 11 (3): 401-451.

[166] UYSAL V B. Deviation from the target capital structure and acquisition choices [J]. Journal of Financial Economics, 2011, 102 (3): 602-620.

后记

“却顾所来径，苍苍横翠微”，博士生活对于我来讲，是沉甸甸的记忆，更是满当当的收获。当我回首这一路走来的历程，内心充满了无限感慨。七年前我幸运地考上了东北财经大学会计学研究生，师从刘明辉教授，主要从事资本市场审计研究。刘明辉老师于我而言不仅是老师，也是父亲，是他改变了我的人生轨迹。

其实，研究生期间可能是我人生中最迷茫的时期，我的心情就像病人的“心电图”一样，极不稳定。一方面是关于如何做研究、写文章；另一方面是有关未来的选择。刘老师和师母在这个过程中给了我非常多的帮助和指导。由于本科时基础薄弱，很多会计学基础理论我并不知悉，都得从头开始学，于是我将老师推荐的优秀期刊上的文章全部下载下来，认真研读并做好读后的心得体会，慢慢地我有了一点自己的想法。由于刘老师工作非常繁忙，因此我非常珍惜和老师见面交流的机会。刘老师严谨的逻辑、缜密的思路、敏锐的眼光让我敬佩不已。在刘老师的指导下，我写出了第一篇文章、第二篇文章、第三篇文章……渐渐地，我对学术产生了浓厚的兴趣。研二的时候，同学们都在忙着找工作，而我还在工作与读博之间纠结着。这个时候我向刘老师进行了咨询，老师耐心地给我分析了一下每种选择的不同，以及我自己的优势、劣势，最后我选择了继续攻读博士。由于硕士期间表现优异，我直接进入了博士阶段，开始了硕博连读的生活。

博士期间我师从周守华老师，周老师是一位非常慈祥和蔼的老师。在修完博士期间的所有课程之后，我来到了北京，在中国会计学会实习，在这之后我与周老师的接触更多。在与周老师的接触过程中，我受益最大的就是格局的提升与眼界的开阔，周老师非常关心国家政策与企业实践，每天吃早餐的时候，他都会给我讲许多优秀企业的实践，还给我提供了去中央企业集团进行实地调研的机会。在实地调研的过程中，我对企业实践有了更加深入的了解，这对我更好地理解理论提供了非常大的帮助。周老师还把我推荐给案例研究方面的专家对外经济贸易大学的汤谷良老师，让我跟着汤老师一起学习如何做案例研究，在周老师和汤老师的指导下，我学会了如何做案例研究，并发表了高质量论文，我的博士论文思路也是源于实地调研过程中得到的启发。非常感谢周守华老师和汤谷良老师对我的指导，是周老师打开了我的眼界，提升了我的学术格局，让我知道做学术要有社会责任感，要做国家需要的研究，要关心国家问题，要始终保持对国家制度变化、社会实践变化的敏锐洞察力。只有这样的研究才是有意义、有价值的研究。我的博士论文从选题到问卷的发放回收再到撰写成稿，周老师付出了很大的心血，没有周老师的鼎力帮助，我将无法完成如此有难度的选题。

感谢父母这么多年来一直对我的无私支持与帮助，无论生活还是学习，爸爸妈妈都是我的导师，他们教会了我做人的道理，让我能够明辨是非，懂得读书学习的珍贵与重要。当身边的同龄人都开始成家立业，当身边的人对我抱着一种怀疑的态度时，爸爸妈妈依然坚持让我学习深造，他们从来不给我有关感情、经济方面的任何压力，竭尽全力给我创造一个舒适轻松的学习环境。感谢我的爷爷奶奶，是你们的关爱和谆谆教诲让我成为一个心智、体质都非常健康的孩子。感谢我的弟弟们，是你们的鼓励让我能够走过博士期间的每一道坎。感谢我最好的朋友刘亮，谢谢你一路以来的开导与陪伴，谢谢你给我的人生增添了色彩。

感谢给予我无私帮助的同门，感谢崔华清博士、乔贵涛博士、李冰慧博士、朱丹博士、孙晓燕博士、谢知非博士、李高波博士给予我的帮助和鼓励，同门的交流让我受益匪浅，启发了我的思路，开阔了我的视野，提升了我的论文质量。还要感谢我的朋友邹威博士、袁月博士、吕明晗博士、黄贤环博士、张守文博士，谢谢你们对我的无私帮助和支持。感谢在中国会计学会实习期间王鹏老师、田志心老师、俞灵老师、刘国强老师、窦笑晨老师对我的关心与支持。感谢北京大学陆正飞教授、南开大学刘志远教授、对外经济贸易大学汤谷良教授、北京工商大学杨有红教授在我论文写作过程中给予的指导与帮助。

最后我要特别感谢东北财经大学会计学院对我的培养，感谢方红星教授、孙光国教授、陈艳丽教授、张先治教授、刘淑莲教授、姜英兵教授、王满教授、刘行教授、解维敏教授、陈梅教授，是你们的辛勤付出才让我的论文得到逐步完善。衷心感谢在百忙之中对我的论文进行评审和答辩的各位专家、教授，在此向你们表达最真诚的感谢。

总结过去，勿忘初心，展望未来，砥砺前行！真心祝愿所有帮助和关心过我的人健康、快乐、平安、幸福！

汪玉兰

2020年6月于上海